Dr. Paul C. Bragg und
Dr. Patricia Bragg

# Schöne, gesunde Haare

Der natürliche Weg zu schönem Haar und strahlender Gesundheit

Kein Haarausfall und brüchiges Haar
Natürliche Haarfarbe und natürlicher Glanz
Geschädigte, stumpfe Haare werden wieder gesund

Waldthausen

Titel der in den USA erschienenen Originalausgabe
»YOUR HEALTH AND YOUR HAIR«

1. Auflage 1991


Satz und Gestaltung: Agentur & Satz, 2863 Ritterhude
Druck: Buchdruckwerkstätten Hannover
Titel-Foto: G+J, Hamburg

ISBN 3-926453-61-3

Printed in Germany

Dr. Paul C. Bragg und
Dr. Patricia Bragg

# Schöne, gesunde Haare

# Inhaltsverzeichnis

Paul C. Bragg und Tochter Patricia

# Vorwort

Dieses Buch zeigt Ihnen, wie Sie zu einer natürlichen, gesunden Lebensweise zurückfinden. Eine gute Gesundheit führt automatisch auch zu gesundem Haar und zu einer gesunden Kopfhaut.

Wir zeigen Ihnen den richtigen, natürlichen Weg, mit Haar- und Kopfhautproblemen fertigzuwerden. Die Natur hat vorgesehen, daß auch Sie gesunde Haare haben – dicht und kräftig –, ungeachtet Ihres Alters.

*»Wie schön sie ist!«* oder *»Was für ein gutaussehender Mann!«* Das sind Bemerkungen, die Sie schon oft gehört haben. Aber haben Sie jemals darüber nachgedacht, was solche Komplimente auslöst? Es ist die »Zierde des Hauptes«, die kräftigen, dichten Haare dieser Menschen, die weiche, glänzende, gepflegte Ausstrahlung, die gesunde Haare haben.

Auch Ihre Haare können wieder schön und gesund werden, wenn Sie das in diesem Buch vorgestellte Programm anwenden.

## Warum haben wir dieses Buch geschrieben?

Wenn man, wie wir durch die Welt reist und Vorträge über Ernährung, Gesundheit und körperliches Wohlbefinden hält, trifft man Tausende von Männern und Frauen mit allen möglichen Haarproblemen.

Es gibt Millionen und Abermillionen kahlköpfige Männer. Und dabei handelt es sich nicht nur um alte Männer – manche sind noch nicht einmal zwanzig Jahre alt. Tatsache ist, daß heute immer mehr Männer auf eine Glatze zusteuern, sofern sie nichts tun, um das zu verhindern.

Gewiß – von 20.000 Frauen ist nicht einmal eine kahlköpfig. Aber es gibt Tausende von Frauen, die teilweise kahl sind. Zehntausende anderer Frauen haben struppiges, dünnes, schwaches, unattraktives Haar. Bei Tausenden ist die Kopfhaut in so schlechter Verfassung, daß die gereizte Haut und Schuppen zu ständigem Kratzen verleiten.

Dieses Buch ist kein »Heilmittel« gegen Kahlköpfigkeit und stellt keine Arzneimittel gegen kranke Kopfhaut vor. Es ist ein Buch, das Ihnen sagt, wie Sie Ihr Haar und Ihre Kopfhaut am besten pflegen sollen. Es erklärt die Ursachen für kranke Haare und eine kranke Kopfhaut. Wir geben Ihnen ein natürliches Programm an die Hand, das Ihre Haare und die Kopfhaut gesund erhält.

Jeder ungewöhnliche Zustand der Kopfhaut – zum Beispiel übermäßige Trockenheit, übermäßige Fettproduktion, plötzlicher Haarausfall, zu viele Schuppen – ist ein Signal des Körpers, daß etwas nicht stimmt. Oft handelt es sich um ein Zeichen für unhygienische Lebensgewohnheiten, falsche Ernährung, Selbstvergiftung, schlechte Durchblutung des Haares und der Kopfhaut, Schlafmangel oder zu große nervliche Belastungen, die den ganzen Organismus schwächen. Diese Dinge sind nicht neu, denn schon seit 1822 gibt es in USA die »Natural Hygiene« – die natürliche Gesundheitslehre*, die schon damals die naturgesetzlichen Grundlagen für eine gute Gesundheit »wiederentdeckt« hat. Trotzdem betrachten die meisten Menschen die natürlichen Lebensgesetze als etwas völlig Neues.

Paul C. Bragg    Patricia Bragg

*Nähere Informationen über die natürliche Gesundheitslehre können Sie bei der Gesellschaft für natürliche Lebenskunde e.V. in 2862 Worpswede, Heinrich-Vogeler-Weg 8, anfordern.

# Gesunde, dichte und kräftige Haare auch für Sie

Auch sie haben ein natürliches Anrecht auf gesunde Haare – ungeachtet Ihres Alters! Die Natur hat vorgesehen, daß Sie schöne und volle Haare haben. Es gibt keine Altersgrenze. Jeder – Kinder wie Urgroßeltern – kann dichte, kräftige, gutaussehende Haare haben. Die Natur hat uns alles gegeben, um das zu erreichen. Und doch haben viele Menschen keine natürlichen, dichten, starken, gesunden Haare – einfach deshalb, weil sie nicht wissen, wie sie ihre Haare und die Kopfhaut pflegen sollen.

Wir sehen Menschen mit dünnen, schwachen, zerbrechlichen Haaren. Überall begegnet uns Kahlköpfigkeit. Wir sehen Menschen mit trockenen oder fettigen Haaren oder mit schwer frisierbaren Haaren – Haare, die wie Stroh aussehen und keinen Glanz haben. Wir treffen Menschen, die nicht nur Haarprobleme haben, sondern auch Probleme mit der Kopfhaut, zum Beispiel Schuppen, Juckreiz, Spannungsgefühle und andere Störungen.

Kein Körperteil beansprucht täglich soviel Aufmerksamkeit wie die Haare und die Kopfhaut. Jeder hat Haare – entweder zu viele oder zu wenige. Und jeder interessiert sich irgendwann für sein Kopfhaar – gewöhnlich viel zu spät. Nur selten ist jemand ganz zufrieden mit seinen Haaren.

Das Haar ist ein nützlicher Teil unseres Körpers. Oder ist es nur ein unvermeidliches Anhängsel, dem wir zuviel Zeit widmen, indem wir es kämmen, bürsten, waschen, schneiden, frisieren – und darüber reden?

Unsere Haare sind in unserem Leben von großer Bedeutung. Sie sind unser »Strahlenkranz«, und sie können uns entweder attraktiv oder unattraktiv machen. Dies ist der Grund dafür, daß es eine immer weiter wachsende Zahl von Friseuren, Frisiersalons und »Coiffeuren« gibt, die versuchen, unsere Haare gefälliger und schöner zu machen.

## Legenden und Fehlinformationen

Im Vergleich zur Beachtung, die man den Haaren schenkt, gibt es über dieses gewöhnliche Attribut eine überraschende Fülle von irrigen und widersprüchlichen Vorstellungen. Die meisten Menschen wissen weniger über die Haare als über andere wichtige Körperteile. Manche Leute glauben, Kahlköpfigkeit und dünne Haare im allgemeinen seien auf Vererbung zurückzuführen. Es gibt Frauen, die auch sagen: *»Ich schlage nach meiner Mutter. Sie hatte dünnes Haar.«* Und es gibt Männer, die sagen: *»Mein Vater begann schon Haare zu verlieren, als er neunzehn war, und im Alter von 25 Jahren war er völlig kahl. Ich schlage nach ihm.«*

Kahlheit und dünnes Haar, sowohl bei Männern als auch bei Frauen (auch viele Frauen werden schon in sehr frühem Alter allmählich kahl), gehen angeblich auf alles mögliche zurück – vom Schlafen in zu kurzen Betten bis zum Tragen von Hüten oder der Weigerung, Hüte zu tragen. Oft erzählt man Ihnen, häufiges Waschen sei schlecht für die Haare. Aber auf den Inseln der Südsee, wo Männer wie Frauen dichtes, schönes Haar haben, verbringen die Menschen jeden Tag viele Stunden im Wasser. Oder man rät Ihnen, sich von der Sonne fernzuhalten, damit sie nicht die Haarwurzeln töte. Lassen Sie mich nochmals auf die Südseeinsulaner hinweisen, die ihr Haar stundenlang der Sonne aussetzen und die für ihre kräftigen, schönen Haare bekannt sind.

Bei fehlendem Sehvermögen geht man nicht zu den Herstellern von Glasaugen, und seine gichtigen Füße vertraut man nicht den Herstellern von Holzbeinen an. Aber wenn es um unsere Köpfe geht, verlassen wir uns oft auf das Wissen von Leuten, die glauben, geschnittenes Haar »blute« und müsse abgesengt werden, damit es nicht sterbe. Und wir zahlen jeden Preis für medizinische Seifen, deren einziger Nutzen im Reinigen der Kopfhaut besteht. Die Menschen nehmen wegen ihrer Haare mehr schlechte Ratschläge an, als wegen fast jedes anderen Körperteils.

Ich war mehrmals mit berühmten Schauspielerinnen Gast in Hollywood-Fernsehshows von Beverly Hills und *Vidal Sasson. Vidal* ist als Friseur der schönsten Frauen der Welt bekannt und in seinen Shows ging es darum, wie man jung und attraktiv bleibt. Ich konnte zeigen, daß man volle, gesunde Haare auf dem Kopf behalten kann, wenn man natürlich und gesund lebt!

Daß die Menschen an so viele Legenden und Märchen glauben, kann nur den falschen Vorstellungen über die Haare zugeschrieben werden, andernfalls würde sich der gesunde Menschenverstand wehren. Die folgenden beiden Mißverständnisse sind am meisten verbreitet:

Erstens der Glaube, Haare seien vom Körper unabhängige Gebilde aus einer andersartigen Substanz – eine Art Frucht, die mit dem Körper nicht enger verbunden ist als das Gras mit der Erde. Zweitens das unklare Gefühl, Haare hätten ein eigenes Leben.

## Die Wahrheit über Haare und Gesundheit

Diese irrigen Vorstellungen sind die Wurzeln des Nichtwissens über die Haare, und ihre Auswirkungen sind ernster, als es scheinen mag. Der Glaube, Haare hätten ein eigenes Leben, verführt zur Anwendung verschiedener Haarpräparate, Haarwässer und Tonics und schließlich dazu, daß man davon abhängig wird und die wichtige

Ernährung der Haare und der Kopfhaut über den Körper vernachlässigt.

Präparate, Haarwässer und Tonics ernähren die Haare nicht. Die Haare werden vom Blut aufgebaut, sie gleichen den Muskeln des Körpers, was Wachstum und Ernährung anbetrifft. Muskeln müssen richtig ernährt und regelmäßig trainiert werden, um stark und geschmeidig zu sein. Ebenso verhält es sich mit den Haaren. Und genau das wollen wir Ihnen in diesem Buch sagen: Wie Sie Ihre Haare fit halten.

Wenn Sie Haare verlieren oder die meisten bereits verloren haben oder wenn Sie kahl sind und wenigstens einen Teil Ihrer Haare zurückerhalten möchten, sollten Sie alles in Ihrer Macht Stehende tun, um gesundes Blut aufzubauen. Ich habe keinerlei Heilmittel gegen Kahlköpfigkeit anzubieten. Kahlheit kann auf Mangelzustände im Blut oder auf schlechte Durchblutung hinweisen.

Haare wachsen in einer Art »Körperboden«, – der sich unmittelbar unter der Kopfhaut befindet. Wer einen guten »Haarboden« hat, hat keine Haar- oder Kopfhautprobleme. Wenn es diesem Boden aber an wichtigen Nährstoffen fehlt, beginnen die Probleme mit den Haaren und mit der Kopfhaut. Der Kahlköpfige verliert seinen Haarboden auf dem Kopf. Dies ist der Grund dafür, daß Sie Männer und Frauen sehen, die oben auf dem Kopf kahl sind, obwohl sie noch sehr dichte und gesunde Haare um den unteren Teil des Kopfes herum haben.

## Ihre Haare und Ihr Blut

Dieses Buch möchte Ihnen dabei helfen, sich selbst zu helfen und die Gesundheit Ihrer Haare und Ihrer Kopfhaut zu verbessern. Es gibt keine Wunderkuren, die Haare auf kahlen Köpfen wachsen lassen. Aber wir zeigen Ihnen, wie Sie sich so ernähren, daß Ihnen die erforderlichen Nährstoffe für den Haarboden zur Verfügung stehen. Wir werden Ihnen zeigen, wie Sie Ihre Haare sorgfältig pflegen – durch richtige Massage, Bürsten, Waschen und Reinigen.

Wir möchten, daß Sie eines nie vergessen: Das Haar ist ebenso Teil Ihres Körpers wie die Nägel und die Haut. Es wird aus genau der gleichen Substanz gebildet, und seine Ernährung und sein Leben hängen ebenso vom Körper ab. Die Gesundheit des Körpers spiegelt sich in der Gesundheit der Haare wider.

Eine schlechte Gesundheit führt gewöhnlich zu krankem Haar. Nach hohem Fieber kommt es beispielsweise häufig zu starkem Haarausfall. Normalerweise verliert das Haar eines Kranken seinen Glanz und seine Vitalität; wie die Haut wirkt es stumpf, und gewöhnlich ist es unansehnlich und schwer zu frisieren.

Ihre Haare spiegeln Ihre allgemeine Gesundheit wider. Dies ist bei Tieren besonders deutlich zu erkennen. Wenn ein Tier krank ist, wird das Fell häßlich und verliert seinen Glanz. Sobald sich das Tier erholt, zeigt der Zustand des Fells dies sofort an.

Denken Sie also daran: Je besser Ihre Gesundheit ist, desto besser ist auch der Zustand Ihrer Haare. Es kann nicht oft genug gesagt werden, daß der Weg zu gesunden Haaren über einen gesunden Körper führt. Kümmern Sie sich beizeiten darum, damit es nicht zum Haarausfall kommt.

Wir behaupten nicht, ein Heilmittel gegen Kahlköpfigkeit gefunden zu haben. Wir glauben überhaupt nicht an Heilmittel. Nur Mutter Natur kann heilen.

Wir sind an den Ursachen der Kahlheit und anderer Haarkrankheiten interessiert. Wir glauben, daß Nährstoffmangel im Blut eine der Hauptursachen ist. Wenn der Haarboden nicht ernährt wird, wachsen die Haare entweder gar nicht oder sie sind in einem schlechten Zustand. Gifte im Körper haben sehr viel mit dem Absterben der Haare zu tun; die Haare ersticken.

Es kommt auch vor, daß die Blutversorgung der Kopfhaut über einen längeren Zeitraum hinweg und an bestimmten, klar bestimmbaren Stellen gestört ist. Die Beseitigung dieser Störung ist einer der ersten Schritte, aber das reicht nicht. Ein weiterer Schritt besteht darin, die Blutgefäße des Schädels in ihren natürlichen, normalen Zustand zu versetzen und sie in diesem Zustand zu bewahren.

Lassen Sie sich nicht entmutigen, wenn Sie Probleme mit Ihren Haaren oder mit Ihrer Kopfhaut haben. Lesen Sie dieses Buch und wenden Sie die Ratschläge an.

# Was ist Haar?

Das Haar hat drei Schichten. Die äußere oder Hornschicht besteht aus glatten, flachen, durchsichtigen Zellen, die wie Dachziegel aufeinanderliegen. Wegen dieser Anordnung und wegen der Dichte der Zellen bildet diese äußere Schicht einen wirksamen Schutz für das Innere des Haares. Man hat beobachtet, daß das Haar der am schwersten zerstörbare Körperteil ist, das zuletzt zerfällt.

Die zweite Schicht, der Kortex, besteht aus länglichen Zellen, die dem Haar seine Biegsamkeit verleihen. Wenn diese Zellen absterben, bricht das Haar. Kleine Öffnungen

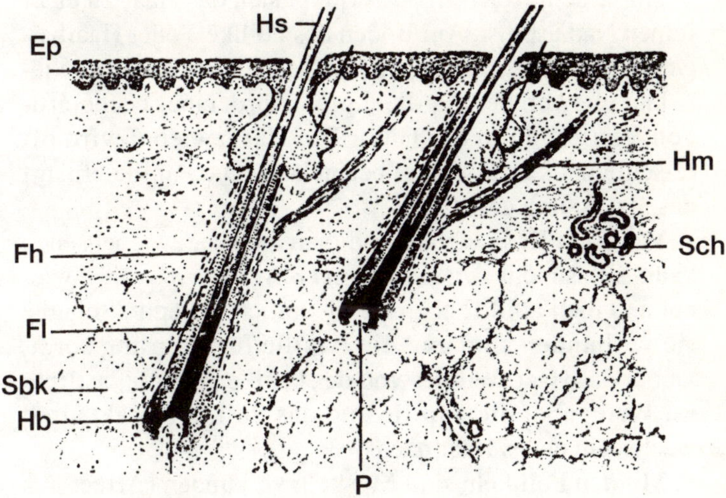


**Schnitt durch die Kopfhaut**

| | | | |
|---|---|---|---|
| Ep – | Epidermis (Oberhaut) | Hm – | Haarmuskel |
| Hs – | Haarschaft | Sbk – | Subkutis (Unterhaut) |
| Fl – | Haarfollikel (Haarbalg) | Sch – | Schweißdrüse |
| Fh – | Follikelhäutchen | Hb – | Haarbalgdrüse |
| P – | Haarpapille | | |

im Kortex fangen das Fett auf, das dem Haar seinen Glanz gibt. Fehlt dieses Fett, erscheint das Haar trocken, stumpf und rauh. Die natürliche Farbsubstanz ist in dieser zweiten Schicht enthalten; sie scheint durch die äußere Schicht durch und gibt dem Haar seinen Farbton – braun, rot, schwarz, blond, grau oder weiß.

Die Mittelschicht des Haares ist die Markschicht oder Medulla, bestehend aus zwei Zellreihen, die Seite an Seite am Haarschaft entlang verlaufen. Die Medulla oder Markschicht ist nicht hohl. Sie bildet das starke Innere des Haares. Schwachen Haaren und den weichen, farblosen Flaumhaaren am Körper fehlt diese Mittelschicht.

An seinem freien Ende verjüngt sich das Haar zu einer feinen Nadelspitze. Am Boden des Follikels oder Haarbalges in der Kopfhaut schwillt das Haar zu einer Haarzwiebel an, die von der Papille umfaßt wird, einer becherartigen Vertiefung in der Haut. Die Haarzwiebel wird oft fälschlich als Haarwurzel bezeichnet. Die Papille ernährt das Haar durch das Blut.

Wenn ein Haar ausfällt und man die Haarzwiebel sehen kann, ist es nicht *»an der Wurzel ausgefallen«*. Die Zwiebel und die Papille haben sich lediglich getrennt. Solange sie verbunden sind und die Papille für Nahrung sorgt, »lebt« das Haar. Wird es von der Papille getrennt, »stirbt« es. Wenn aber die Papille und das Follikel intakt sind, wächst ein neues Haar nach.

Mit den Follikeln sind Muskeln verbunden (Arrectores pilorum), die das Haar aufrichten und den Haarbalg wulstförmig emporheben können (»Gänsehaut«).

Es gibt drei Hauptarten von Haaren:

1. **lange, weiche Haare** auf dem Kopf, die Bart-, Scham- und Achselhaare;

2. **kurze, steife Haare** an den Augenbrauen und -lidern;

3. **flaumiges, farbloses Haar**, das über den Körper verteilt wächst, dort, wo die anderen Haare nicht vorkommen.

**Haarlos** sind nur die Fußsohlen und die Augenlider sowie die Handinnenflächen eines normalen Körpers.

Auf einem Quadratzentimeter Kopfhaut wachsen durchschnittlich etwa 155 Haare, so daß sich auf dem ganzen Kopf ungefähr 120.000 Haare befinden. Blonde haben mehr Haare – manchmal bis zu 140.000 – und Rothaarige nur etwa 90.000. Schwarze und braune Haare haben nur etwa 60.000 Haare. Flachsfarbenes Haar ist am feinsten – 0,017 bis 0,05 Millimeter im Durchmesser –, und schwarzes Haar ist am dicksten, 0,06 bis 0,2 Millimeter. Der Durchschnitt in Mitteleuropa ist 0,05 - 0,06 mm.

Haare sind viel elastischer, als man gewöhnlich glaubt. Ein Haar kann um ein Drittel seiner Länge gedehnt werden. Es kann ein Gewicht von 60 bis 140 Gramm tragen, ohne zu reißen.

Wie jeder weiß, beeinflußt feuchte oder trockene Luft die Frisur, denn die Haare sind sehr empfindlich gegenüber Feuchtigkeit. Diese Eigenschaft wird bei der Herstellung von Hygrometern ausgenutzt, Instrumente, die die Luftfeuchtigkeit messen.

Daß die Reibung eines Kammes an den Haaren statische Elektrizität erzeugt, ist ebenfalls bekannt. Diese elektrische Ladung wird oft als knackendes Geräusch hörbar und im Dunkeln als Funkenflug sichtbar.

Obwohl viele Frisuren gekünstelt aussehen, gibt es Anhaltspunkte dafür, daß sie ursprünglich von der natürlichen Neigung der Haare beeinflußt wurden, in bestimmte

Richtungen zu wachsen. Das Kopfhaar ist von Natur aus gescheitelt, ein Scheitel auf der linken Seite ist am häufigsten, danach kommt der Mittelscheitel, und seltener ist der Scheitel auf der rechten Seite. Zwar ist kein Friseur und keine Kosmetikerin je auf die Idee gekommen, das Scheiteln der Augenbrauen zur Mode zu machen, aber es ist eine Tatsache, daß die Haare der linken Augenbraue dazu neigen, sich zu scheiteln, ebenso wie die Haare auf der linken Seite des Kopfes.

Man könnte fast sagen, daß das Wachstum der Haare aus einer Reihe von Wiedergeburten besteht. Jedes normale Haar, sofern es von Krankheiten oder falscher Behandlung verschont bleibt, lebt seine volle Lebensspanne. Dann fällt es aus und wird ersetzt und vergessen – wie eine Generation von Menschen. Die normale Lebensdauer eines Haares ist allerdings noch nicht bestimmt worden. Sie kann zwischen mehreren Monaten und vielen Jahren schwanken. Man hat berechnet, daß eine Augenwimper 150 Tage lebt.

Während des Lebens eines Haares, unabhängig von seiner Lebensdauer, wechseln sich Ruhe- und Wachstumsperioden ab. Die Ruheperioden sind je nach Körperteil unterschiedlich, aber jedes Haar hat seinen normalen Zyklus.

Die Wachstumsperiode scheint etwa acht Wochen zu dauern. Danach »ruht« das Haar zum Beispiel bis zu drei Monate lang, wenn es am Bein wächst. Wenn es jedoch ein Kopfhaar ist, kann seine Ruheperiode kürzer oder fast gleich null sein.

Es kann mehrere dieser Wachstums- und Ruhepausen geben, bevor das Haar seine volle Länge erreicht und reif ist zum Ausfallen. Wenn rechtzeitig eine Ruheperiode eintritt und das Haar nicht herausgekämmt oder -gezupft wird, kann es in der Haut haften bleiben, bis das neue Haar es hinausdrückt. Das Follikel neigt dazu, sich um das alte

Haar zusammenzuziehen und es festzuhalten. Wird ein Haar jedoch ausgezupft oder hinausgedrängt, vergehen 41 bis 72 Tage, bevor ein neues Haar erscheint. Dies gilt für das normale Wachstumstempo, das etwa 0,3 Millimeter pro Tag beträgt. Haare wachsen am Tag schneller als in der Nacht und in warmen Sommermonaten ebenfalls schneller. Bei einem neuen Haar ist das Wachstumstempo doppelt so groß als bei einem Haar zum Ende seines Lebens.

Das Haar beginnt lange vor der Geburt zu wachsen. Das heißt, die Keime der künftigen Haare erscheinen beim zehn bis zwölf Wochen alten Embryo auf der Stirn und an den Augenbrauen. Zwei Wochen später zeigen sich Keime über den Lippen und in der sechzehnten Woche auf dem restlichen Kopf. Danach erscheinen Haarkeime am Rumpf, an den Gliedmaßen und auf den Hand- und Fußrücken. Es handelt sich nur um kurze, stiftförmige Ausstülpungen auf der Hautoberfläche des Embryos.

Das Wachstum der Haare auf der Kopfhaut beginnt sofort, nachdem sie sichtbar werden. Der Bart beginnt in der Pubertät zu wachsen, ebenso die Schamhaare und die Haare in den Achselhöhlen.

Oft hören wir von Leichen, bei denen sich angeblich neue Haare auf dem Kopf oder im Gesicht zeigen. Glauben Sie nicht daran! Die Vorstellung, daß Haare nach dem Tod weiterwachsen, beruht auf einem Mißverständnis. Was geschieht wirklich in solchen Fällen? Das Schrumpfen der Gewebe nach dem Tod bewirkt, daß die bereits vorhandenen Haare weiter herausragen. Die Haarfarbe kann sich nach dem Tod allerdings ändern.

Einige sehr interessante Tatsachen über die Erblichkeit von Haartypen werden von Forschern berichtet, die Tausende von Fragebogen verschickt, die Antworten gesammelt und die Ergebnisse wissenschaftlich ausgewertet haben. Sie haben zum Beispiel festgestellt, daß blauäugige

Eltern mit glatten, hellen Haaren nur Kinder des gleichen Typs haben. Eltern mit gewellten Haaren können Kinder mit glatten, gewellten oder krausen Haaren haben, aber die Aussichten auf kraushaarigen Nachwuchs sind gering. Wenn die Eltern kraushaarig sind, steigen die Chancen auf ebensolche Kinder, aber sie können auch Kinder mit gewellten oder sogar glatten Haaren bekommen. Wenn ein Elternteil glatte Haare und der andere Kraushaare hat, werden alle Kinder kraushaarig sein, vorausgesetzt, der kraushaarige Elternteil ist ein »echter« Typus, also selbst ein Nachkomme kraushaariger Eltern. Andernfalls werden einige Kinder glatte, der Rest krause Haare haben.

Mit Rassen und mit der Menschheit als solcher verhält es sich wie mit der Familienerbfolge. Was für ein Individuum, für eine Rasse oder auch für ein Geschlecht normal ist, ist für die anderen abnorm. Ein Bart bedeutet für einen Mann etwas anderes als für eine Frau. Kaukasier haben gewöhnlich einen starken Bart, amerikanische Indianer waren und sind die am wenigsten behaarten Menschen. Ein Indianer wird selten kahl. Schwarze werden häufiger kahl als Indianer. Die Erbanlage kann im Umfang schwanken, jedoch nicht im Typus. Einige Schwarze können beispielsweise welligere Haare und einige Indianer gröbere Haare haben als andere, aber jeder erbt seinen Haartyp.

Diese Vererbung gilt auch im ganzen Tierreich. Der Airedale-Terrier hat zum Beispiel ein auffälliges Fell, das gut an das kalte, feuchte Klima angepaßt ist, in dem die Rasse entstanden ist. Andere Rassen haben unterschiedliche Felle – kurz, lang, glatt, kraus –, je nach Umwelt und Anlage, und jedes Individuum einer Rasse erbt das typische Fell.

## Was hat die Zivilisation mit unseren Haaren gemacht?

Wenn wir das menschliche Haar betrachten, so wie es heute ist, können wir uns nur schwer vorstellen, daß es dem Menschen – wie heute noch dem Tier – vor Urzeiten als Kleid und Schutz und als Organ des Tastsinnes gedient hat. Wenn Sie sehen möchte, was Haare sein können, untersuchen Sie das Fell eines Airedale-Hundes. Er hat ein weiches, wolliges Unterfell, das ihn gegen Hitze und Kälte abschützt, und ein hartes, borstiges Oberfell, das Wasser abstößt wie eine Gummihaut – alles zusammen bildet beinahe einen wattierten Panzer.

Würde man den Menschen von heute mit seinen Urahnen vergleichen, würde sich zeigen, welche Rolle ein anderer grundlegender Faktor – die Umwelt – in diesem Zusammenhang spielt. Vom Standpunkt der Haare aus bedeutet die Zivilisation: immer weniger lebensspendende Sonnenstrahlen und frische Luft. Kleider und Hüte haben den Platz des Haares als Schutz gegen Hitze, Kälte und Nässe eingenommen. Der Nutzen des Haares ist heute offensichtlich nicht mehr so groß wie in der Frühzeit, als künstliche Wärme seltener und Schläge auf den Kopf häufiger waren.

Eng anliegende Hüte drücken gewöhnlich auf die Kopfhaut. Sie reiben Haare aus und unterbinden die Blutversorgung. Künstliche Haare erhöhen das Gewicht und die Wärme und stören die Blutzirkulation, außerdem sind sie Ursache verschiedener Infektionskrankheiten. Obwohl falsches Haar vor einigen Jahren aus der Mode kam, als der »Bubikopf« populär wurde, wird es jetzt wieder mehr verwendet, besonders von Frauen. Manche Frauen haben eine »Perückengarderobe«, die zu den verschiedenen Stilen und Farben ihrer Kleider paßt. Eine Perücke mag attraktiv sein – aber sie ist für Haar und Kopfhaut nicht besser als die altmodischen falschen Zöpfe oder Haarteile.

## Haarwässer

Es gibt sicherlich viele Faktoren, die Einfluß auf das Wachstum des normalen Haares haben – aber vieles, was gerüchteweise und in Werbeaussagen behauptet wird, hat nichts damit zu tun.

Die Frage, ob Haareschneiden das Wachstum der Haare anregt, wird von Dermatologen unterschiedlich beantwortet. Zweifellos hat es eine gewisse Wirkung. Experimente haben nach Auffassung mancher Fachleute bewiesen, daß Haare nach dem Schneiden oder Rasieren schneller wachsen, andere halten die Beweise nicht für schlüssig. Die meisten jungen Männer, die mehr als nur »Flaum« im Gesicht haben möchten, versuchen es mit Rasieren, um einen Bart zu bekommen. Ihr Bart wächst wahrscheinlich ein wenig schneller – aber dies geschieht mit zunehmendem Alter ohnehin, eine Tatsache, die junge Männer aber zu ignorieren scheinen.

Allerdings werden die Haare durch Rasieren dicker und stoppeliger, auch bei Frauen, die sich einen Bubikopf oder eine andere modische Kurzhaarfrisur machen lassen. Wenn sogenannte »überflüssige« Haare durch Rasieren, Auszupfen oder chemische Haarentferner vorübergehend entfernt werden, wachsen die nachfolgenden Haare ebenfalls dicker und steifer nach.

Einige Friseure und Kosmetikerinnen sind erfinderisch, was ihren Service angeht – zum Beispiel Schlammpackungen, Wimpernbäder, Ohren- und Nasenpflege und was sonst noch alles. Mitunter empfehlen sie ihren Kunden, ihre Haare absengen zu lassen, um *»die Poren zu schließen«* und die Vitalität der Haare zu erhalten. Dies alles wäre nützlich, wenn Haare Poren hätten oder ausscheiden könnten. Aber ein Haar ist nun einmal eine feste Zellmasse und hat keine Röhre, wodurch die Lebenskraft – die es nicht besitzt – durchfließen könnte.

Ebenso falsch liegen die Leute, die verschiedene Haarwässer und -tonics anpreisen und versichern, sie könnten die Haare wachsen lassen. *Es gibt keine Chemikalie, die, äußerlich angewandt, neuen Haarwuchs bewirkt.* Dasselbe gilt für Tonics oder »geheime« Haarwuchsmittel, unabhängig davon, wie raffiniert die Werbung sein mag. Kräftiges Einreiben mit einem milden Haarwasser kann möglicherweise das Haarwachstum anregen, da es die Durchblutung verbessert, aber dies liegt wahrscheinlich mehr am Reiben als an der Chemikalie im Wasser.

Es besteht allerdings eine gewisse Beziehung zwischen dem fettigen Sekret der Schweißdrüsen und dem Haarwachstum. Menschen mit sehr starkem Haarwuchs schwitzen oft heftig. Wärme hat eine stimulierende Wirkung auf die Haare, daher wachsen sie im Sommer ein wenig schneller als im Winter. Kälte wirkt als Tonic, wenn sie die Durchblutung der Kopfhaut verbessert.

## Gesundes Haar beginnt mit reinem Blut

Wie beeinflußt die körperliche Verfassung die Gesundheit des Haares? Kurz gesagt, das Haar hängt hinsichtlich seiner Gesundheit vom Körperteil ab, an dem es wächst – wie eine Knospe oder ein Ast vom Stamm. Dieser Stamm oder Körperteil ist die Haut – ein Organ, ein Glied des Körpers. Die Nahrung, von der das Haar lebt, wird vom Körper durch die Haut geliefert. Die Blutgefäße in der Papille befördern das Blut und den Sauerstoff zu den Zellen, aus denen das Haar wächst. Deutlicher ausgedrückt: Alles, was Qualität und Quantität des Blutes beeinflußt, beeinflußt auch das Haarwachstum. Und die wichtigste Voraussetzung für gutes, nahrhaftes Blut ist Gesundheit!

Meine Tochter Patricia und ich haben Forschungsarbeiten in großem Umfange über das Haar und die Kopfhaut des Menschen durchgeführt. Die Forschungen haben uns durch die ganze zivilisierte Welt und ebenso zu »primitiven« Völkern geführt.

Wir haben festgestellt, daß Menschen, die ihr ganzes Leben barhäuptig in der Sonne verbringen und viel natürliche Lebensmittel essen – also eine natürliche, ausgewogene Kost –, selten oder nie an Kahlköpfigkeit, dünnen Haaren, Schuppen oder anderen Störungen der Haare oder der Kopfhaut leiden.

Manchmal ist der allgemeine Gesundheitszustand eines Menschen gut, und doch geht sein Haaransatz zurück. Warum geschieht das? Schlechte Gewohnheiten, zum Beispiel ungenügendes Bürsten, sind gewöhnlich dafür verantwortlich. Schmutzige, ungewaschene Haare laden Parasiten ein, sich auf dem Kopf anzusiedeln und Familien zu gründen!

Eltern langhaariger Kinder müssen ihren Nachwuchs schützen, indem sie darauf achten, daß er sein Haar regelmäßig wäscht und bürstet. Und wenn es ein Junge ist – dann gibt es einen sehr guten und logischen Grund, ihm einen hübschen Kurzhaarschnitt zu empfehlen.

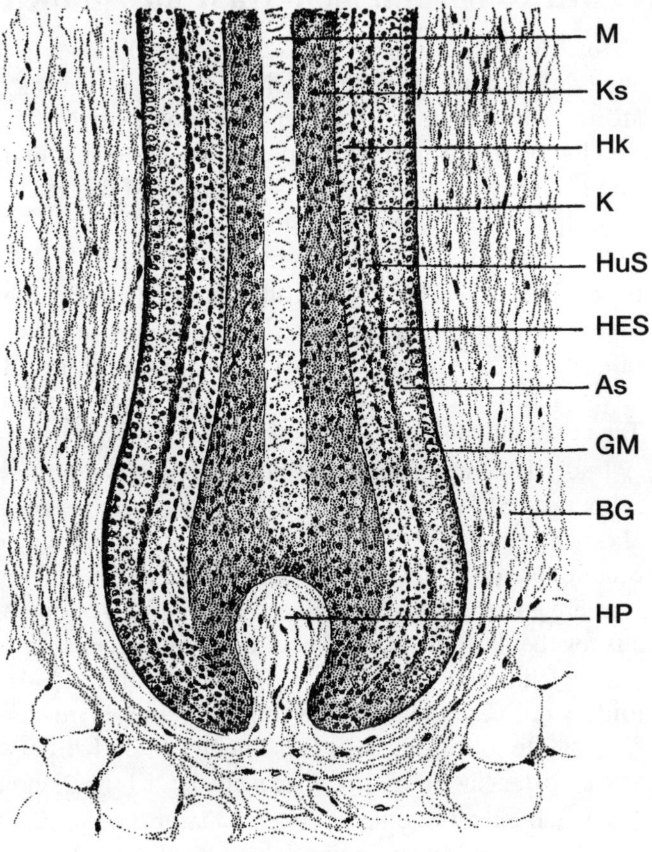


**Schnitt durch den unteren Teil des Follikels**

| | | | |
|---|---|---|---|
| M – | Medulla | HP – | Haarpapille |
| Ks – | Kortikale Substanz | BG – | Bindegewebe |
| Hk – | Haarkutikula | GM – | Glasige Membran |
| K – | Kutikula des Follikels | AS – | Äußere Scheide |
| HuS – | Huxley-Schicht | HES– | Henle-Schicht |

## Mit 16 begann mein Haar auszufallen

Im Alter von 16 Jahren litt ich an Tuberkulose. In diesem Zustand der Degeneration, der meinen Körper zerstörte, waren meine Haare, wie ich beobachtete, stumpf und leblos. Ich war krank, und dies spiegelte sich in meinen Haaren wider. Wie bereits erwähnt, ist das Haar ein guter Indikator für den Gesundheitszustand.

Wenn ich meine Haare kämmte und bürstete, fielen sie büschelweise aus. Nun ist es völlig natürlich, jeden Tag einige abgestorbene Haare zu verlieren. Dies wird näher erläutert, wenn wir das Haarpflegeprogramm umreißen. Aber es gibt eine Grenze für die Zahl der Haare, die jeden Tag ausfallen dürfen.

In der Hoffnung, Hilfe zu finden, ging ich zum Friseur. Ich wurde Sklave von Haarwässern. Wenn ich ein neues Haarwasser sah, kaufte ich es sofort. Ich versuchte jedes Shampoo, von dem ich hörte. All das Geld, das meine Eltern ausgaben, um meine Haare zu retten, war umsonst ausgegeben! Meine Haare fielen weiter aus, ebensoschnell wie es früher ausgefallen war, bevor ich all diese »Heilmittel« probierte. Jedesmal, wenn ich meine Haare kämmte, erzählte es mir dieselbe Geschichte: Mein Körper war krank, und meine Haare bekamen nicht die richtige Nahrung.

Als ich im naturheilkundlichen Sanatorium von *Dr. August Rollier* in Leysin in der Schweiz ankam, gestand ich dem Arzt, daß ich nicht nur wegen meines Gesundheitszustandes im allgemeinen besorgt war, sondern auch wegen meines Haarausfalls. Ich fürchtete, kahl zu werden, wenn es so weitergehen sollte. Man stelle sich vor – eine Glatze vor dem zwanzigsten Lebensjahr zu bekommen!

Doch wenn ich mir heute die Jungen und jungen Männer unserer Generation ansehe, stelle ich fest, daß mit ihren Haaren das gleiche geschieht, was damals mit meinen geschah. Ich bin sehr sportbegeistert, und während der letzten Zeit habe ich an Leichtathletikveranstaltungen teilgenommen, an denen sich viele Schüler und Studenten beteiligten. Ich war entsetzt, wie viele von ihnen schütteres Haar hatten. Bei einigen wich der Haaransatz über der Stirn zurück, bei anderen zeigten sich schüttere Stellen oben auf dem Kopf. Es wird nicht mehr lange dauern, bis sich bei ihnen große kahle Stellen entwickeln. Die Haare dieser Jungen sahen leblos aus.

Auch die jungen Mädchen hatten viele Haarprobleme. Viele hatten ihre Haare kurz geschnitten, und bei näherem Augenschein konnte ich sehen, wie dünn sie wuchsen. Und wieder sah ich zurückweichende Haare über der Stirn.

Unter den Tausenden von jungen Männern und Frauen sah ich nur einige wenige mit schönen, vollen Haaren.

Ich sah sie aber auch die »Hot Dogs«, Cola, Eiscreme, Süßigkeiten und all die anderen denaturierten Nahrungsmittel essen und trinken.

Hier waren Jungen und Mädchen von heute mit den gleichen Haar- und Kopfhautproblemen, wie ich sie vor langer Zeit und im gleichen Alter selbst hatte.

*Dr. Rollier* hatte Mitgefühl mit mir und meinem Haarproblem. Er sagte, es sei erstaunlich, wie wenig zuverlässige Informationen es über die Pflege der Haare und der Kopfhaut gebe. Er erklärte mir, das Haar müsse nicht dünn werden und die Kopfhaut brauche nicht krank zu sein. Wenn die Haare ausfallen und man Probleme mit der Kopfhaut habe, können sich die Haare bei vernünftiger Pflege wieder erholen, solange man nicht völlig kahl sei. Und die gleiche Pflege können die Haare ein Leben lang stark und gesund erhalten. Er sprach von einfachen, natürlichen Methoden der Haar- und Kopfhautpflege unter Beachtung einiger Gesetze der Natur.

Ich befolgte *Dr. Rolliers* Rat, und nach einem 70jährigen Leben habe ich nach wie vor dichte, kräftige und gesunde Haare auf dem Kopf. Und das gleiche gilt für meine Tochter Patricia. Sie hat schöne volle Haare.

- Wir halten uns beide an das **Haarpflegeprogramm**, das wir Ihnen in diesem Buch vorstellen.

- Wir suchen beide ständig nach **neuen Methoden**, um die Gesundheit der Haare und der Kopfhaut zu verbessern.

- Wir glauben, daß wir auch Ihnen dabei helfen können, zu gesunden Haaren zu kommen, und wir glauben, daß Sie **wundervolle seidige Haare** haben werden und Ihre Kopfhaut von Schuppen befreien können.

Ich erwähnte bereits, daß ich an Sportveranstaltungen teilnehme, wo zahlreiche junge Männer und Frauen anzutreffen sind, die Unmengen an Hot Dogs, Hamburgern, Eiscreme, Colagetränken, Limonaden, Süßigkeiten und anderen wertlosen Nahrungsmitteln (»junk food« oder »fast food«) vertilgen.

Diesen jungen Leuten ist kaum bewußt, daß sie ihr Blut mit Giftstoffen belasten, die nicht nur ihre Gesundheit, sondern auch ihre Haare zerstören.

## Denaturierte Nahrung zerstört die Haare

In unserem Haus in Hollywood, in Kalifornien, haben wir viele freundliche Nachbarn. In der Nähe lebte ein berühmter Filmregisseur mit seiner Frau und zwei Kindern, einem Jungen und einem Mädchen. Wir sahen diese Kinder heranwachsen und konnten bei ihnen die tragischen Auswirkungen einer falschen Ernährung beobachten.

Als diese Kinder sehr jung waren, hatten sie die prächtigsten Haarschöpfe. Ihre Mutter war gesundheitsbewußt und ernährte ihre Kinder richtig – und dies zeigte sich nicht nur in ihrer ausgezeichneten Gesundheit, sondern auch in ihren sehr schönen, starken, gesunden Haaren. Sie hatten das dichteste und kräftigste Haar, das ich jemals auf den Köpfen von Kindern gesehen habe. Manchmal blieben Leute stehen, um ihre schönen Haare zu bewundern.

Die Haare dieser Geschwister blieben in gutem Zustand, bis die beiden in die High School kamen. Von da an schienen die Eltern die Kontrolle über die Ernährung ihrer Kinder verloren zu haben. Zu Hause hatten sie nie denaturierte Nahrungsmittel bekommen. Aber als sie sich unter die anderen Schüler mischten, wurden sie rebellisch und gaben ihre gesunde, natürliche Ernährungsweise vollständig auf. Sie folgten der Masse … und bald aßen auch sie nur noch Hot Dogs, tranken Cola und schwelgten in all den anderen wertlosen Nahrungsmitteln, die Teenager heutzutage zu sich nehmen.

Sehr bald zeigte sich eine Veränderung an ihren Haaren. Sie waren kein Muster an Schönheit mehr. Warum? In ihrem Blut hatten sich mehrere Dinge ereignet. Die Nahrungsmittel ohne Nährwert ließen eine große Menge unausgeschiedener Gifte im Blut zurück. Da das Blut durch das ganze Kreislaufsystem strömt, wurden diese Gifte im

»Haarboden« der Kopfhaut abgelagert. Diese Gifte ernährten jedoch die Haare nicht mehr.

Die Degeneration der Haare dieser jungen Leute war ein langer, allmählicher Prozeß. Zunächst schienen die Haare ihren Glanz und Schimmer zu verlieren. Sie wurden rauh und strohig. Als sie die High School abschlossen und zur College gingen, behielten sie ihre schlechten Eßgewohnheiten bei und fingen auch noch an zu rauchen.

Während ihres letzten Collegejahres trat eine deutliche Veränderung mit ihren Haaren ein. Die Haare des jungen Mannes gingen nicht nur zurück, sondern oben auf dem Kopf erschien eine kahle Stelle. Das dichte, starke Haar von einst war verschwunden. Er wurde rasch kahl. Das Haar seiner Schwester war jetzt kurz geschnitten. Es war leblos, nicht mehr der »Strahlenkranz«, den jede Frau haben sollte. Es war unfrisierbar. Als sie es immer kürzer schnitt, wurde der Schaden sichtbar, den falsche Ernährung und Mineralstoff-, Vitamin- und Eiweißmangel anrichteten.

Heute ist der junge Mann ein Geschäftsmann und völlig kahlköpfig. Seine Schwester ist Hausfrau, und die Schönheit ihrer Haare ist ganz verschwunden. Sie trägt meist eine Perücke, wenn sie ausgeht.

Ich könnte Ihnen viele Fälle wie diese erzählen. Bei Hunden, Katzen und anderen Haustieren ist es genauso. Sie können sagen, wie diese Tiere gefüttert werden, wenn Sie ihr Fell betrachten. Wenn es glänzt, werden die Tiere richtig ernährt und sind frei von Giften.

Patricia und ich sind Mitglieder vieler Clubs in Südkalifornien, und wir beobachten die Tragödie von Menschen, denen alle finanziellen Mittel zur Verfügung stehen, um sich gesund zu halten, und die dennoch ihre Haare, ihre Kopfhaut und ihre Gesundheit ruinieren.

## Meiden Sie diese Nahrungsmittel!

**Raffinierter Zucker** ist eines der minderwertigsten und schädlichsten Nahrungsmittel auf dieser Erde. Er wäscht das Kalzium aus den Haaren, aus dem Blut, aus den Knochen und aus den Zähnen. Behandeln Sie Zucker wie Gift! Streichen Sie ihn von Ihrem Speiseplan!

**Fabrikmehl** ist fast ebenso schädlich. Meiden Sie es in jeder Form! Die Natur hat nie weißes Weizenkorn wachsen lassen. Der Mensch hat es verändert, gemahlen, gesiebt, geblichen, bis es weiß ist.

**Gehärtetes Fett:** Lesen Sie die Etiketten auf allen Nahrungsmitteln. Fette, die gehärtet sind, müssen entsprechend gekennzeichnet werden. Ihr Körper hat eine Temperatur von etwa 37°C. Um gehärtetes Fett verwerten zu können, müßte er eine Temperatur von 150°C haben. Darum müssen Sie einsehen, daß es für Ihren Körper unmöglich ist, gehärtetes Fett zu assimilieren. Ihre Haare und Ihre Kopfhaut benötigen natürliches Fett als Nahrung. Das Fett, das Haar und Kopfhaut ernährt, ist natürliches kalt gepreßtes Öl, zum Beispiel Olivenöl, Sesamöl, Sojaöl, Distelöl, Maisöl, Erdnußöl, Sonnenblumenöl und Walnußöl.

**Salz:** Gewöhnliches Tafelsalz ist ein Feind für kräftige, gesunde Haare. Unsere Forschungen über gesunde Haare haben bestätigt, daß Menschen, die zuviel Salz essen, Kopfhautprobleme haben und zu Haarausfall neigen. Salz hat eine austrocknende Wirkung auf den ganzen Körper und trocknet auch das Haar und die Kopfhaut aus.

**Schinken, Speck, Hot Dogs, Corned Beef und Frühstücksschinken:** Alle diese Nahrungsmittel enthalten viel

Salz und konzentrierte Chemikalien, um sie zu konservieren. Natriumnitrat und Natriumnitrit werden zur Haltbarmachung praktisch immer verwendet.

**Weißer Reis:** Ein weiteres schädliches Nahrungsmittel. Die wichtigen Vitamine des B-Komplexes wurden mit den äußeren Schichten des Reiskorns entfernt. Ihre Haare brauchen aber diese Vitamine.

**Alkohol, Cola, Limonaden, Tee, Kaffee und Schokolade:** Keines dieser Getränke kann Ihre Haare und Ihre Kopfhaut ernähren. Sie sind voller giftiger Substanzen, die Ihren Haaren und Ihrer Kopfhaut Schaden zufügen können.

## Essen Sie keine verarbeiteten Nahrungsmittel!

Die Regale im Supermarkt sind gefüllt mit verarbeiteten Nahrungsmitteln wie Getreideflocken, Nachtischen und entkeimten Getreideprodukten. Das Maismehl, das gewöhnlich in den Regalen liegt, ist so gut wie immer entkeimt. Die ganze Verarbeitung gibt diesen sogenannten Nahrungsmitteln eine längere Lebensdauer. Sie sind aber ihrer Lebenskraft beraubt. Sie sind Magenfüller, keine Körpernahrung. Damit Ihre Haare kräftig, dicht und gesund wachsen, brauchen Sie natürliche Lebensmittel, die alle Nährstoffe enthalten, welche die Natur ihnen gegeben hat. Heutzutage verwenden die Verarbeiter von Nahrungsmitteln mehr als 700 verschiedene Chemikalien und Zusätze.

**Natriumbenzoat** ist eine anorganische Chemikalie, mit der viele Nahrungsmittel konserviert werden, die man in den Regalen der Supermärkte findet. Es ist reichlich in Butter-Ersatzfetten enthalten.

**Schwefeldioxid** ist eine anorganische Chemikalie, die bei der Konservierung von Trockenfrüchten ausgiebig verwendet wird.

**Streichfette:** Fast alle Butter-Ersatzfette (Margarinen) werden aus gehärtetem Öl hergestellt. Sie ernähren sich gesünder, wenn Sie natürliches Öl und ungesalzene Butter essen.

Patricia Bragg hat dichte, gesunde, volle Haare

## Richtiges Essen macht Ihre Haare und Ihre Kopfhaut gesund

Wenn Sie kräftige, gesunde Haare und eine saubere, gesunde Kopfhaut haben möchten, befolgen Sie die Naturgesetze und essen Sie natürlich. Meiden Sie unnatürliche Nahrungsmittel wie z.B. Räucher- und Pökelfleisch, Wurst usw., Tee, Kaffee, Kakao, Whiskey, Bier, Wein, Cola und Limonade, denaturierte und entkeimte Nahrungsmittel wie Weißbrot und weißen Reis, alle verarbeiteten Nahrungsmittel ohne Nährwert, außerdem Gemüse und Fleisch, aus dem das Leben herausgekocht wurde, vor allem wenn der natürliche Saft beseitigt wurde.

**Essen Sie nichts Gebratenes.** Die Bratpfanne ist die Wiege von Verdauungsstörungen und Herzkrankheiten. Das brutzelnde heiße Fett ist ein Feind Ihrer Haare, Ihrer Kopfhaut und Ihres ganzen Körpers.

**Salz** wirkt wie ein Schwamm. Es absorbiert Wasser aus dem Blut und führt zu unersättlichem Durst. Unersättlich deshalb, weil das durch Salz verursachte Verlangen nach Flüssigkeit selbst dann andauert, wenn der Organismus so viel Wasser wie möglich zurückhält. Gebratene Nahrungsmittel vergrößern die Probleme noch. All diese unnatürlichen Zustände tragen dazu bei, die Gesundheit und die Schönheit Ihrer Haare und Ihrer Kopfhaut zu beeinträchtigen.

## Essen Sie natürliche Nahrung

Erziehen Sie Ihre Geschmacksknospen so, daß sie den delikaten Geschmack natürlicher Lebensmittel genießen können. Nahrungsmittel, die mit Ketchup, Senf und scharfen Gewürzen traktiert werden müssen, sind gewöhnlich verarbeitet und nicht zum Verzehr geeignet. Je reiner Ihre 260 Geschmacksknospen werden, desto natürlicher wird

Ihre Nahrung. Mit der Zeit entwickeln Sie einen natürlichen Instinkt für die richtige Auswahl der Nahrung. Es wird Ihnen dann unmöglich sein, etwas anderes zu essen als reine, gesunde, nahrhafte Lebensmittel, die die Natur uns gegeben hat.

Denken Sie daran, daß Ihre Haare und Ihre Kopfhaut aus der Nahrung gebildet werden, die Sie essen! Ernährungsfachleute zitieren gern den Satz: *»Du bist, was du ißt.«* Wenn Sie dichte, kräftige, gutaussehende Haare auf dem Kopf haben möchten, essen Sie ausschließlich natürliche, nahrhafte Lebensmittel. Sie versorgen Ihre Haare und Ihre Kopfhaut mit allen wichtigen Nährstoffen.

Wie ich bereits ausgeführt habe, besitzen Sie einen »Haarboden«, der unter der Kopfhaut liegt. Ebenso wie dem Boden der Erde müssen diesem Haarboden wichtige Nährstoffe zugeführt werden, damit er gesunde, volle und kräftige Haare hervorbringt. Wenn Sie dem Haarboden und der Kopfhaut giftige Nahrung geben, so spiegelt sich dies im Zustand Ihrer Haare wider. Wenn Sie Nahrungsmittel essen, die Schadstoffe im Körper hinterlassen, können Sie nicht erwarten, dichte, kräftige, gesunde Haare und eine gesunde Kopfhaut zu haben.

Wenn die Vitalität des Körpers nachläßt, zeigt sich dies an den Haaren und an der Kopfhaut. Wenn das Blut Gifte in den Haarboden und in die Kopfhaut befördert, ist es mehr als wahrscheinlich, daß die Haarstruktur darunter leidet, da die Kopfhaut nicht in der Lage ist, diese Gifte abzuweisen und auszuscheiden. Die Haare und die Kopfhaut eines Menschen mit schwacher Konstitution sind in genau der gleichen Verfassung wie bei einem Menschen, dessen Essen man vergiftet. Das Blut überbringt die Nahrung für die Kopfhaut und für die Haare.

Wenn die Haare während oder nach einer Krankheit wie Grippe ausfallen, dann deshalb, weil der geschwächte Organismus nicht imstande war, die Haare gegen die Gifte zu verteidigen. Wenn Anämie, Herz-, Lungen- oder Nierenkrankheiten den Körper schwächen, sind Haarausfall oder Veränderungen im Aussehen und in der Struktur der Haare ganz normal. Jede Störung des Stoffwechsels – der Gesamtheit aller Aufbau- und Abbauprozesse im Körper – führt gewöhnlich zu Veränderungen, die im Haar sichtbar werden, wenn die Funktion der innersekretorischen Drüsen gestört ist.

Schlechtes Blut macht schlechte Haare, ebenso wie schlechte Nahrung einen schlechten Körper macht. Trockene, stumpfe Haare und Haarausfall sind in vielen Fällen auf Ernährungsmängel zurückzuführen.

## Eiweiß – Aufbaunahrung für die Haare

Eiweiß ist das Material, aus dem Sie bestehen. Eiweiß (Protein) ist der wichtigste Nährstoff für kräftige, gesunde Haare. Protein bedeutet »zuerst kommen« – und wenn dies nicht der Fall ist, können Sie sich auf Haar- und Kopfhautprobleme aller Art gefaßt machen.

Jeder Teil Ihres Körpers benötigt Eiweiß, damit er richtig wachsen und normal arbeiten kann. Sie müssen Eiweiß in ausreichender Menge essen, wenn Sie volle, gesunde Haare auf dem Kopf haben möchten.

Eiweiß ist enthalten in Nüssen, Samenkernen, Weizenkeimen, braunem Reis, Erdnußbutter, Sojabohnen, Mais, Weizenvollkorn, Avocados, Buchweizen, Käse, Eiern, Fisch, Geflügel, Lammfleisch, Rindfleisch, Bries, Herz und Leber. Alle Lebensmittel einschließlich Früchte, Salate, Gemüse, Nüsse und Samen enthalten Eiweiß, aber bei den eben aufgezählten ist der Eiweißgehalt besonders hoch.

Man hat festgestellt, daß Menschen, deren tägliche Nahrung genügend Eiweiß enthält, gewöhnlich auch gesunde Haare haben und daß sie bis an ihr Lebensende reichlich wachsen.

## Was ist eine ausgewogene Ernährung?

Nach dem heutigen Stand unseres Wissens können wir mit großer Sicherheit sagen, daß eine vollwertige und ausgewogene Ernährung folgende Voraussetzungen erfüllen muß:

1. Sie muß genügend **Energie** liefern, um den Körper in Gang zu halten.

2. Sie muß Substanz für das **Wachstum** und für das Ersetzen von Gewebeabfällen liefern.

3. Sie muß ausreichend **Wasser** enthalten.

4. Sie muß genügend **Mineralien** enthalten.

5. Sie muß alle wichtigen **Vitamine** enthalten.

6. Sie muß genügend **Faserstoffe, Feuchtigkeit und Fett** enthalten, um eine normale Darmentleerung zu gewährleisten.

7. Sie muß alle **wichtigen Nährstoffe** enthalten, damit die Kopfhaut gesund bleibt und damit das Haar dicht und kräftig ist und einen gesunden Glanz hat.

Sie wissen inzwischen, daß es nur eine Methode gibt, gesund zu bleiben und eine gesunde Kopfhaut sowie dichte, gesunde Haare zu haben: Sie müssen jede einzelne der Milliarden Zellen Ihres Körpers mit allen notwendigen Nährstoffen versorgen.

Denken Sie daran: Haare bestehen aus der Nahrung, die Sie essen. Lernen Sie, natürliche, lebendige Lebensmittel zu essen, die den größten und besten Nährwert haben.

Und denken Sie daran: Eiweiß ist ein wichtiges Nahrungsmittel für gesunde Haare. Ihre besten Eiweißquellen sind: Avocados, Erdnüsse und Erdnußbutter, Sojabohnen, Maismehl, Samen und Nüsse aller Art, Weizenkeime, Hülsenfrüchte (Bohnen aller Art) und brauner Reis. Wenn Sie noch Fleischesser sind, sind Fisch, Eier, Käse oder Lammfleisch und Geflügel zu empfehlen.

Organischer **Schwefel** ist der nächstwichtige Nährstoff für gesunde Haare. Organischer Schwefel ist wie das Eiweiß ein wichtiger Bestandteil der Haare. Organischer Schwefel (zu unterscheiden von der anorganischen Chemikalie Schwefeldioxid, die schädlich ist) wirkt blutreinigend. Er fördert die Absonderung von Galle und hilft der Leber Mineralien zu absorbieren.

Ernährungsfachleute bezeichnen organischen Schwefel als »Schönheitsmineral«, da er für kräftige, gesunde, dichte Haare lebenswichtig ist. Er ist außerdem notwendig für eine gute, reine, jung aussehende Haut und starke Fingernägel. Eiweiß ist eine gute Quelle für diesen natürlichen organischen Schwefel. Er ist in Eigelb, Kohl, Blumenkohl, Steckrüben, Rosenkohl, Zwiebeln und Knoblauch enthalten.

**Kalzium** ist in Rohmilch-Käse, grünem Blattgemüse (z.B. Senfblätter, Steckrübenblätter und Grünkohl) und Sojabohnen enthalten. Seine Absorption im Körper hängt weitgehend vom Vitamin D ab, das in einigen der genannten Lebensmittel ebenfalls enthalten ist.

Kalzium ist wichtig für gesunde Nerven und starke Fingernägel sowie für gesunde Haare. Es wird mehr als jeder andere Mineralstoff für die Reparatur von Körpergeweben benötigt. Wir brauchen täglich etwa vier Gramm Kalzium, um gesund zu bleiben, und die Gesundheit Ihrer Haare und Ihrer Kopfhaut hängt von der Gesundheit Ihres Körpers ab.

**Natürliches Fett** wird in der Körperchemie ebenfalls für gesunde Haare benötigt. Geeignete natürliche Pflanzenöle sind kaltgepreßtes Distelöl, Sojaöl, Erdnußöl, Sesamöl, Maisöl, Olivenöl. Samen und Nüsse aller Art, Avocados sind am besten geeignet. Den Verzehr von tierischen Fetten wie Butter, Sahne, Eigelb, fetter Fisch und fettes Fleisch sollten Sie begrenzen.

**Kohlenhydrate** (Stärke und Zucker) sind für gesunde Haare auch notwendig. Man findet sie in Vollkorngetreide, in getrockneten Hülsenfrüchten (Bohnen aller Art), in vielen Gemüsesorten, in braunem Reis und vor allem in Früchten.

**Silizium** (Kieselsäure) ist ein organisches Mineral, das für volle, glänzende, gesunde Haare sehr wichtig ist. Im Körper hilft Silizium beim Aufbau der Haare, der Nägel, der Haut und der Zähne, und es macht Gewebe elastisch. Es schenkt Anmut, Geschmeidigkeit, scharfes Gehör, strahlende Augen, feste Zähne und starke, dichte, glänzende Haare.

Grüne Blattgemüse führen die Liste siliziumreicher Lebensmittel an. Ihr tägliches Menü sollte immer einen großen gemischten Salat einschließen, z.B. aus grünem Kopfsalat, rohen Spinatblättern, Petersilie, Brunnenkresse, grünem Sellerie, grünen Zwiebeln, süßen, grünen Paprikas oder anderem rohen grünen Blattgemüse.

Vollkorngerste ist ebenfalls eine gute Siliziumquelle sowohl für Tiere als auch für Menschen. Vollkorngerste können Sie in Reformhäusern oder Naturkostläden kaufen. (Nehmen Sie keine Gerstengraupen, da deren äußere Schicht entfernt wurde, und gerade sie enthält das meiste Silizium.)

Ganzer brauner Reis enthält viel Silizium. Dasselbe gilt für natürlichen Hafer, Hirse, Vollkornroggen, Vollkornmais, Vollkornweizen und Früchte, besonders Weintrauben.

**Jod** ist ein wichtiges organisches Mineral, das zur Bildung von dichten, kräftigen, glänzenden Haaren benötigt wird. Jod ist einer der lebenswichtigen Mineralstoffe im Körper. Es wird gebraucht, um Bakterien zu widerstehen und um die Gifte abzubauen, die sie erzeugen. Jod wird außerdem für einen funktionsfähigen Stoffwechsel, für die Verdauung, für die Assimilation und für die seelische Entwicklung benötigt.

Jodmangel zeigt sich beim Erwachsenen in einfachen Symptomen, bevor er zu ernsten Folgen führt. Zu diesen Symptomen gehören chronische Müdigkeit, Energiemangel – wobei Ausruhen nur wenig nützt – und Erschöpfung, die morgens größer ist als beim Zubettgehen. Bei manchen Menschen bildet sich weiches, schwammiges Fleisch. Es kommt zu Haarausfall und zu vorzeitigem Ergrauen der Haare. Die Haare werden spröde und schwer frisierbar und sie scheinen alles Leben verloren zu haben.

Die meisten Leute glauben, Jod sei lediglich eine Chemikalie, die auf wundersame Weise Kröpfe verhindert – und nach offiziellen Angaben gibt es heute allein in USA 40 Millionen Menschen, die an einfachem Kropf leiden. Ich weiß nicht, wie es in Europa ist, aber ich meine, es ist ähnlich. Es stimmt, Jod ist notwendig, um der Kropfbildung vorzubeugen. Wie erwähnt, hat es jedoch auch viele andere Aufgaben. Wir wissen heute, daß eine kleine Spur dieses wichtigen Mineralstoffs im Essen darüber entscheiden kann, ob ein Mensch intelligent oder ein sabbernder Idiot ist.

Der Körper enthält durchschnittlich etwa 25 Milligramm Jod (0,00004 % des gesamten Körpergewichtes). Zwei Drittel davon (15 Milligramm) sind in der Schilddrüse konzentriert. Das andere Drittel verteilt sich in den Geweben und im Blut.

Alle Nahrungsmittel aus dem Meer, sowohl tierische als auch pflanzliche, sind reich an Jod. Algen enthalten etwa 22.000 Mikrogramm Jod pro Pfund. Algen können daher unsere beste Jodquelle sein, und es gibt heutzutage viele verschiedene Arten zu kaufen. Algen kann man in Reformhäusern oder Naturkostläden ganz oder als Pulver kaufen. Es gibt auch Algenpulver in der Streudose, und Sie können es über das Essen streuen.

Wie gesagt, alle Nahrungsmittel aus dem Meer enthalten Jod, also auch frischer Fisch.

Eiweiß, Kalzium, natürliches Fett, organischer Schwefel, Silizium und Jod sind alles Nährstoffe, die Ihre Haut und Kopfhaut täglich benötigen. Wenn es um die Erhaltung der Haare geht, ist Vorbeugung besser als eine Heilbehandlung. Denken Sie daran: jedes Haar wird vom Blut ernährt. Und das Blut benötigt die essentiellen Nähr- und Wirkstoffe, damit es jedes Haar richtig ernähren kann.

# Ernährungsprogramm für sieben Tage

Dieses Sieben-Tage-Menü ist eine ausgewogene, natürliche Ernährung, die Ihnen hilft, Ihre Vitalität, Ihre Gesundheit und Ihre wundervollen Haare zu erhalten. Diese Menüs kann ich jedem empfehlen, der an einer guten Gesundheit, Vitalität und gesundem Haar interessiert ist.

## 1. Tag

**Frühstück**
Sonnengetrocknete Aprikosen*
mit rohen Weizenkeimen und (wenn gewünscht)
Bananenscheiben oder Orangenschnitzen darauf

*Über Nacht in destilliertem Wasser eingeweicht*

**Mittagessen**
Gemischter roher Gemüsesalat aus
Brunnenkresse, geriebenen Rote Bete und Karotten,
Tomaten und grünen Zwiebeln
Salatsoße aus
frischer Zitrone und Öl mit etwas Honig
1/2 Tasse Sonnenblumenkerne
*(reich an Eiweiß und natürlichem Fett)*
rohem Apfel

**Abendessen**
Salat aus grünen Blättern, angemacht mit
rohem gehacktem Spinat, Kopfsalat, Gurken, Sellerie,
Tomaten, Zitrone und Essig
pflanzliches Eiweiß (Nüsse, Samen)
frische Früchte

# 2.Tag

**Frühstück**
Rohes Apfelmus mit Honig*
Haferflocken (gemahlen)**
Vollkorntoast

** Bereiten Sie das Apfelmus selbst zu, und fügen Sie vor dem Verzehr Honig hinzu. Hierzu können Sie am besten den Champion-Entsafter verwenden* ***(siehe Abb. ... auf Seite ......)***

*Für den Champion-Entsafter gibt es auch einen entsprechenden Mahlvorsatz.*

*** Legen Sie, wenn gewünscht, Bananenscheiben oder andere Früchte darauf.*

**Mittagessen**
Gemischter roher Gemüsesalat (wie am 1. Tag)
Gemüsesuppe mit natürlicher Gerste
Vollkornroggentoast

**Abendessen**
frische Früchte (als Vorspeise)
Kohlsalat mit Zwiebeln
gebackener Fisch mit Zitrone und Kräutern
Tomaten, Blumenkohl

oder

frische Früchte (als Vorspeise)
Avocado-Tomaten-Salat
Spargel / Brokkoli
Nüsse nach Belieben

## 3. Tag

**Frühstück**
frische, schwarze Feigen
roher Apfel, Sonnenblumenkerne

**Mittagessen**
Gemischter roher Gemüsesalat (wie am 1. Tag)
Nußbutter
Vollkorntoast

**Abendessen**
Weintrauben oder Früchte der Saison (als Vorspeise)
Angemachter grüner Salat (wie am 1. Tag)
gemischte Nüsse
grüne Bohnen / gedünstete rote Bete

## 4. Tag

**Frühstück**

Gedünstete Backpflaumen mit Bananenscheiben, darauf rohe Weizenkeime und Honig
Rohmilchkäse
Sonnenblumenkerne

**Mittagessen**

Salat aus Kopfsalat, Tomaten und Gurken mit Zitrone und Öl, gebackene Zwiebeln (ganz)
gemischte Nüsse oder Samenkerne
gebackener Apfel, gefüllt mit Rosinen und nach dem Backen mit Honig beträufelt

**Abendessen**

Frische Früchte und Datteln (als Vorspeise)
Gemischter roher Gemüsesalat (wie am 1. Tag)
natürlicher brauner Reis
gebackene Aubergine*

**Schneiden Sie die Aubergine in zwei Hälften, bevor Sie sie im Herd backen. Geben Sie zehn Minuten vor dem Herausnehmen gehackte Tomaten darauf. Essen Sie alles – auch die Haut!*

# 5. Tag

**Frühstück**
Roher Apfel
Vollkornflocken mit Bananenscheiben und Honig darauf

**Mittagessen**
Kohlsalat mit geriebenen Karotten und geriebenem Apfel
Linsen und brauner Reis (zusammengekocht)

**Abendessen**
Gemischter roher Salat aus grünem Blattgemüse mit Tomaten
gebackene Kartoffel (essen Sie auch die Schale)
gebackener Rosenkohl
Maisbrot (aus steingemahlenem Maismehl, nicht aus entkeimtem Mehl)

## 6. Tag

**Frühstück**
Sonnengetrocknete Aprikosen*
mit rohen Weizenkeimen und Bananenscheiben oder Orangenschnitzen darauf
Vollkorntoast

**Über Nacht in destilliertem Wasser eingeweicht. Achten Sie darauf, daß die Aprikosen sonnengetrocknet und frei von Konservierungsstoffen sind.*

**Mittagessen**
Gemischter roher Gemüsesalat (wie am 1. Tag)
gedünsteter grüner Kürbis
Sonnenblumenkerne und Rosinen

**Abendessen**
Frische Früchte und Datteln (als Vorspeise)
Roher Salat aus gehacktem Spinat mit anderem Gemüse
gemischte Nüsse und Samenkerne
Grünkohl
gedünsteter gelber Kürbis

## 7. Tag

**Frühstück**
Weintrauben
Nüsse
Vollkorntoast

**Mittagessen**
Salat aus Kohl, Tomaten, Sellerie und grünem Paprika, Thunfischsandwich

oder

Sonnenblumenkerne
frische Früchte und Datteln

**Abendessen**
Tomatenscheiben, gegrilltes Lammfleisch

oder

gemischte Nüsse und Samenkerne
gedünstete grüne Erbsen und Karottenscheiben
Apfelmus (mit Honig gesüßt)

Weitere geeignete Rezepte finden Sie auch in meinem Buch »Wunder des Fastens« sowie in den Büchern »Täglich frische Salate erhalten Ihre Gesundheit« von *Dr. Norman W. Walker* und *»Fit für's Leben«*, Teil I und II, und »Neue Eßkultur mit SonnenKost« von *Harvey und Marilyn Diamond.*

Manche Menschen möchten mehr essen als andere. Ein paar Früchte zu Beginn, dann ein hübscher gemischter Salat und dann ein Eiweißgericht sind vielleicht ausreichend.

Oder möchten Sie noch ein oder zwei Gemüse hinzufügen? Das hier vorgestellte Sieben-Tage-Menü bietet eine Vielfalt von Grundkombinationen natürlicher Lebensmittel, aus denen Sie ihre eigenen ausgewogenen Menüs selbst zusammenstellen können.

Champion-Entsafter

## Getränke und Kräutertees

Getränke gehören zu einer gesunden Ernährung. Es ist aber nicht gut, während der Hauptmahlzeiten zu trinken. Aber wenn Sie während des Tages eine Tasse heißen Kräutertee oder ein Glas frischgepreßten Orangen- oder Grapefruitsaft trinken möchten – dann genießen Sie Ihr Getränk.

Der Bragg-Säfte-Cocktail besteht aus rohem Gemüse, das wir mit unserem Champion-Entsafter zubereiten: Karotten, Spinat, Brunnenkresse, Rüben und Sellerie.

Den Bragg-Drink für gesunde Haare trinken wir oft am Morgen anstelle eines Frühstücks. Er ist immer eine köstliche Getränkemahlzeit.

Geben Sie folgende Zutaten in einen Mixer:
Den Saft von 2 bis 3 Orangen (frisch) oder ungesüßten Ananassaft oder destilliertes Wasser
3 Eßlöffel rohe Weizenkeimlinge
1 Teelöffel flüssiges Lezithin
1 Banane
1 Teelöffel reine Vanille
1 Teelöffel Honig
1 Eßlöffel Sojakeimlinge
1 Eßlöffel Mungokeimlinge
Wenn gewünscht:
4 Aprikosen (sonnengetrocknet, ungeschwefelt).

Weichen Sie die Aprikosen über Nacht in destilliertem Wasser ein. Wir weichen so viele ein, daß sie sieben Tage lang reichen. Bewahren Sie sie in einem Krug im Kühlschrank auf.

Trinken Sie diesen Saft in kleinen Schlucken. Speicheln Sie alles gut an. Dieser Cocktail ist eine Mahlzeit, kein Getränk wie Wasser!

*Anmerkung: Im Sommer können Sie frische Früchte hinzufügen: Pfirsiche, Erdbeeren oder andere Beeren, Aprikosen oder anstelle der Banane eine andere frische Frucht der Saison.*

*Destilliertes Wasser können Sie sich selbst mit einem Heimdestilliergerät* (siehe Abbildung) herstellen. Ich empfehle Ihnen auch mein Buch »Wasser - das größte Gesundheitsgeheimnis« zu lesen, das Sie über die Schäden von Leitungs-, Brunnen- und Mineralwasser aufklärt.*

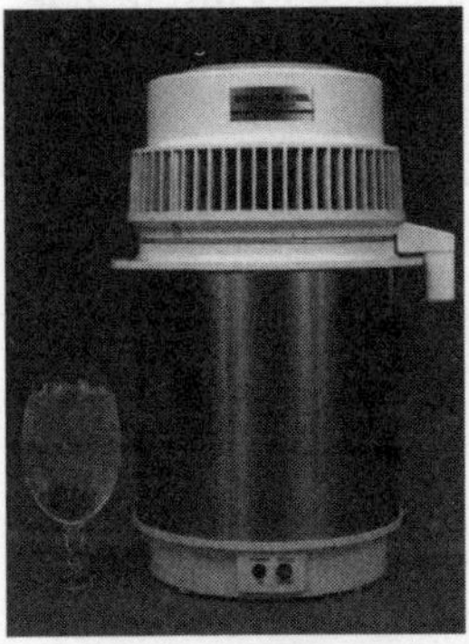

**Boy - 3000** Destilliergeräte luftgekühlt **Twin**

Leistung
ca. 0,8 l per Stunde

Leistung
ca. 0,8 l per Stunde

Lieferantenanschriften für Entsafter und Heimdestilliergeräte erhalten Sie auf Anfrage bei der Gesellschaft für natürliche Lebenskunde e. V., 2862 Worpswede, Heinrich-Vogeler-Weg 8

## Befolgen Sie die Naturgesetze

Es geht einfach darum, die Naturgesetze zu befolgen. Es gibt kein »Heilmittel« für Kahlköpfigkeit. Uns geht es um Vorbeugung.

Den Beweis dafür, daß viele Menschen an Unterernährung leiden, liefert die Tatsache, daß 80 % der Bevölkerung innerhalb von zwölf Monaten sich einmal oder mehrmals »erkälten« und daß 30 % eine Grippe bekommen. Und die Sterblichkeit bei Infektionskrankheiten ist enorm hoch.

Wir haben bereits nachdrücklich darauf hingewiesen, daß Ihr allgemeiner Gesundheitszustand sich in Ihren Haaren und in Ihrer Kopfhaut widerspiegelt. Dies gilt für Tiere ebenso wie für Menschen. Oftmals in meinem Leben habe ich Hunde und Katzen behandelt, die falsch ernährt wurden und ein schlechtes Fell hatten. Gutes Futter, Hygiene und sorgfältige Pflege machten aus diesen häßlichen Geschöpfen wahre Schönheiten.

Vor mehreren Jahren ging ich in den städtischen Hundezwinger von Los Angeles und wählte den kränksten Hund mit dem häßlichsten Fell aus, den ich finden konnte. Selbst die mitleidigen Pfleger wollten wissen, warum ich eine derart jämmerliche Kreatur haben wollte, wo es doch so viele besser aussehende und gesündere Hunde gab. Ich beantwortete ihre Frage zunächst nicht, sondern wartete ab, um den Hund selbst den Beweis dafür antreten zu lassen, was gutes Futter und Haarpflege ausrichten können. Nach sechs Monaten brachte ich den Hund zurück in den Zwinger – und die Pfleger wollten nicht glauben, daß es derselbe Hund war. Aber er war es! Es war die Folge einer richtigen Ernährung und einer sorgfältigen Haarpflege. Und das gleiche haben wir mit vielen, vielen Menschen gemacht.

Das ganze, natürliche Ernährungs- und Haarpflegeprogramm steht auch Ihnen zur Verfügung, und Sie können damit arbeiten. Gleichgültig, welche Haar- und Kopfhautprobleme Sie haben – geben Sie die Hoffnung nicht auf, bevor Sie Mutter Natur eine Chance gegeben haben, Ihnen zu helfen, so gut sie kann.

Wenn Sie ernste Kopfhaut- und Haarprobleme haben, denken Sie daran, daß dieser Zustand sehr viel Zeit brauchte, um sich zu entwickeln, und daß Sie ebenfalls Zeit brauchen, um ihn zu beseitigen. Geben Sie der Natur eine Chance, Ihnen zu besserem Haar und besserer Gesundheit zu verhelfen.

Verstehen Sie, daß der Geist den Körper beherrschen muß. Wenn Sie gesund sein und gesunde Haare und eine gesunde Kopfhaut haben wollen, müssen Sie Herr über Ihren Körper sein. Er darf Ihnen nicht vorschreiben, was er zu essen wünscht. Sie müssen Ihrem Körper sagen, was er bekommt!

Achten Sie darauf, daß Ihr Körper die Grundsätze einer natürlichen Haarpflege befolgt. Der Körper ist faul! Er will sich nicht anstrengen. Aber Sie sind derjenige, der Anweisungen gibt! Sie müssen Ihrem Körper einem regelmäßigen Programm für gesunde Haare und eine gesunde Kopfhaut unterwerfen.

Der Körper neigt selbst dann zur Faulheit, wenn er sich ausruht und entspannt. Lassen Sie sich von Ihrem Körper nicht zu der irrigen Meinung verführen, bloße Untätigkeit sei entspannend oder erholsam. Eine falsche Haltung im Sitzen oder Liegen kann die Muskeln verkrampfen, Druck auf die Lungen und auf das Herz ausüben, die Durchblutung stören und mehr Schaden als Nutzen anrichten.

Auch wenn es seltsam erscheinen mag – die beste und natürlichste Methode, sich auszuruhen, besteht darin, sich auf einer harten Oberfläche auf dem Rücken auszustrecken. Dadurch können die Muskeln ihre eigene Zugkraft entwickeln und sich in entspanntem Zustand strecken, während der Brustkorb sich weitet und eine optimale Sauerstoffaufnahme möglich macht. Das Herz hat dann reichlich Platz, um lebensspendende Nährstoffe durch den ganzen Körper zu pumpen und das Blut von angesammelten Schlacken zu befreien.

Ein Schrägbrett ist für diesen Zweck ideal. Stellen Sie es in einem bequemen Winkel schräg, und legen Sie sich rücklings, mit dem Kopf am unteren Ende, darauf. Dies kehrt den Druck der Schwerkraft um, dem Ihr Kreislauf entgegenwirken muß, wenn Sie sitzen oder stehen, und das unreine Blut kann aus den Füßen und Beinen zum Herzen strömen, um sich zu reinigen. Das Schrägliegen hilft dem Herzen, Nährstoffe und Sauerstoff ins Gehirn und in den Kopf zu befördern.

Dies ist besonders wichtig für die Haare und für die Kopfhaut. In der normalen, aufrechten Körperhaltung sind die Haare und die Kopfhaut die »hohen Berge«, die der lebensspendende Blutstrom erklettern muß. Wenn Sie sich mit dem Kopf nach unten auf das Schrägbrett legen, geben Sie dem Blut die Möglichkeit, Ihren »Haarboden« und Ihre Kopfhaut mit Nährstoffen zu versorgen.

Sie können die gleiche Wirkung erzielen, wenn Sie sich auf dem Boden flach auf den Rücken legen, das Gesäß gegen die Wand drücken und die Beine nach oben strecken. In dieser Stellung können Sie »auf Wolken gehen« wie mein Rikschamann in Hongkong. Er war ein magerer, muskulöser Mann in den Sechzigern, der seit seinem sechzehnten Lebensjahr Tausende von Meilen gelaufen war, während er Rikschas hinter sich herzog. Doch an seinen Beinen waren keine Anzeichen von Krampfadern zu sehen; sie waren so glatt, stark und muskulös wie bei einem Mann von zwanzig Jahren.

Er erzählte mir, daß er zweimal täglich 15 bis 30 Minuten lang »auf Wolken gehe«. Dabei legte er sich so hin, wie eben beschrieben, und massierte die Beine vom Knöchel zur Hüfte. Um die Haut glatt zu machen und die Massage zu erleichtern, benutzte er ein Öl.

Diese Art des Ausruhens ist für Inaktive oder für Menschen, die viel sitzen, ebenso wichtig, wenn nicht wichtiger, als für den Sportler oder für den aktiven Menschen. Ein paar fünf- bis zehnminütige Ruheperioden – flach auf dem Rücken auf einer harten Oberfläche liegend und mit nach oben gestreckten Beinen – tragen dazu bei, Sie zu revitalisieren, und sie sind besonders nützlich und gesund für Haar und Kopfhaut.

## Schlaf

Schlaf ist einer der vitalsten Prozesse, die in einem Menschen ablaufen können. Jede Bewegung, die wir machen, jeder Gedanke, den wir im Wachzustand denken, kostet uns Energie, baut Gewebe ab und erzeugt Abfallprodukte. Während des Schlafes ruhen sich die »aktiven« Zellen des Körper aus, und die natürlichen, wiederherstellenden Kräfte des Körpers arbeiten – sie beseitigen giftige Schlacken und bauen im Körper und im Gehirn Gewebe wieder auf. Im Schlaf strömt Lebenskraft in uns zurück und unser Vitalitätsverlust wird ausgeglichen.

Dieser Prozeß der Wiederherstellung ist so hervorragend abgestimmt, daß wir unseren Kontostand bei der »Lebensbank« jederzeit berechnen könnten, indem wir einfach den Saldo ermitteln zwischen unseren »Ausgaben« während unseres wachen Lebens und den »Einnahmen«, die uns in der Nacht zufließen, und das Ergebnis mit unserer Lebenszeit multiplizieren.

Wie alles andere, das Ihren allgemeinen Gesundheitszustand beeinflußt, spiegelt sich auch die Dauer und die Qualität des erholsamen Schlafes, den Sie bekommen, im Zustand Ihrer Haare und Ihrer Kopfhaut wider. Schlaflosigkeit kann zu Haarlosigkeit führen oder die Haare ihres Glanzes berauben. Wenn die Kopfhaut nicht von Giften befreit und der Haarboden während des Schlafes nicht ernährt wird, beginnt die Zierde Ihres Hauptes zu schwinden.

Ihre Haare zeigen, wie lange und wie gut Sie schlafen. Schlaf ist das beste »Haarwuchsmittel« auf dem Markt – und er kostet nichts!

Ist es nicht ein Wunder, daß Mutter Natur unsere Vitalität in genau der Hälfte der Zeit wiederherstellen kann, die wir damit verbringen, sie zu untergraben? Wir können viel mehr erreichen und Besseres leisten, wenn wir uns sechzehn Stunden lang bemühen und uns danach acht Stunden lang im Schlaf erholen, als wenn wir unsere Energie bis zur Erschöpfung vergeuden, weil wir etwas *»unbedingt beenden und loswerden«* wollen. Was wir wirklich »beenden« und »loswerden« ist unsere Gesundheit! Und eines der ersten Anzeichen dieser Erschöpfung ist lebloses, krankes Haar.

Wenn Sie schöne, kräftige, gesunde Haare auf dem Kopf haben möchten, sind acht Stunden Schlaf jede Nacht ein Muß.

Schlafen allein genügt nicht – der Schlaf muß erholsam sein. Wiederum müssen Sie Ihren faulen Körper zur Ordnung rufen, der oft auf die alte Art einschlafen möchte. Aber ein Schlaf in einer verkrampften Haltung oder auf einer zu weichen Matratze oder bei gestörter Durchblutung ist *kein* erholsamer Schlaf.

Man sollte auf einer harten Matratze schlafen oder ein Brett unter eine weiche Matratze legen. Dann können sich die Muskeln auf natürliche Weise strecken und entspannen, und der Druck auf wichtige Organe wird gelindert. Wenn Sie Nackenschmerzen haben, versuchen Sie, ohne Kissen zu schlafen. Wenn Sie ein Kissen benutzen müssen, nehmen Sie ein weiches Babykissen.

Schlafen Sie nie mit dem Kopf auf den Armen. Dies kann zu Neuritis in den Armen führen. Achten Sie darauf, daß Sie keine Gliedmaßen kreuzen und Ihr Kopf nicht auf anderen Körperteilen ruht. Dies stört die Blutzirkulation. Und gerade während des Schlafes muß das Blut frei strömen, um seine Aufbauarbeit zu leisten.

Nehmen Sie Ihre Sorgen nicht mit ins Bett! Redensarten wie *»Die Sorgen haben ihn kahl gemacht«* oder *»Die Sorgen haben sie ergrauen lassen«* sind tatsächlich nicht ganz unberechtigt.

Um es noch einmal zu sagen: Die Quantität und die Qualität Ihrer Haare spiegeln die Quantität und die Qualität Ihres Schlafes wider. Wenn Sie abends Ihre Haare bürsten, dann bürsten Sie auch Ihre verworrenen Gedanken weg. Sowohl Sie als auch Ihre Haare werden am nächsten Morgen von Leben sprühen.

# Bürsten Sie Ihr Haar

Machen Sie Gesundheits- und Schönheitspflege, während Sie Ihre Haare bürsten. Stehen Sie breitbeinig, mit leicht gebeugten Knien, und senken Sie den Kopf bis unterhalb des Herzens. Dadurch kann das Blut leicht zur Kopfhaut strömen und den »Haarboden« reinigen und ernähren. Gleichzeitig verjüngt es die Gewebe Ihres Gesichts und Ihres Nackens.

Bürsten Sie nach unten, also von der Kopfhaut zu den Haarspitzen. Das sanfte Ziehen an den Haaren stimuliert und lockert die Kopfhaut, während das Bürsten sowohl Schmutz wie auch abgestorbene Haare und die natürlichen Schuppen aus toter Haut von der Kopfhaut entfernt.

Lange Haare* – fast zwei Jahrhunderte lang das Privileg der Frauen, nun aber bei jungen Männern ebenso beliebt – sollte Strähne für Strähne, unten wie oben, gebürstet werden, jeweils zehn oder fünfzehn Zentimeter. Dadurch verteilen sich die Haare gleichmäßiger und lassen sich leichter legen und außerdem werden sie überall glatt und glänzend.

Jedes Familienmitglied sollte seinen eigenen Kamm und seine eigene Bürste haben. Am besten sind Kämme mit glatten, stumpfen Zähnen. Wenn die Zähne eines Kammes zu spitz sind, können sie die Kopfhaut zerkratzen. Benutzen Sie keine Metallkämme und feine Kämme, da sie die Haare zerren und zum Abbrechen bringen können. Die Verwendung eines feinen Kammes in seidenweichen Haaren und auf der zarten Kopfhaut eines Babys ist besonders zu verurteilen. Auch hygienische Gesichtspunkte sprechen für den glatten Kamm mit stumpfen Zähnen. Er läßt sich am leichtesten reinigen.

siehe auch »George Michaels Geheimnisse für schönes Haar«

Die Borstenreihen der Bürste sollten hart sein, aber nicht so hart, daß sie die Kopfhaut verletzen, wenn man kräftig bürstet. Metallborsten zerren das Haar und reizen die Kopfhaut. Die besten Resultate kann man mit zwei Bürsten erzielen. Eine sollte harte Borsten haben, um die Schuppen zu entfernen und die Kopfhaut zu stimulieren. Die Borsten der anderen Bürste sollten weicher sein und die Haare weich und glänzend machen. Dies ist eine ideale Kombination für Gesundheit und Schönheit.

## Tägliche Kopfhautmassage

Wenn Sie gesunde Haare haben möchten, sollte die Kopfhautmassage morgens und abends für Sie ebenso zur Gewohnheit werden wie das Zähneputzen. Sie regt das Haarwachstum an, indem sie den Zustrom von frischem Blut in die Kopfhaut bewirkt und so alle Gewebe mit Nährstoffen versorgt, die mit dem Wachstum der Haare zu tun haben. Sie lockert die Kopfhaut insgesamt und gewährleistet eine gute Durchblutung. Dies fördert die Bildung des »Haarbodens« unter der Kopfhaut und verhindert die Degeneration der Kopfhaut und der Haarfollikel.

Denken Sie daran: Die Glatzenbildung setzt ein, wenn Sie den Haarboden auf dem Kopf verlieren. Vergessen Sie nie, daß gute Ernährung und gute Durchblutung unabdingbar für die Pflege des Haarbodens sind. Wenn der Haarboden erst einmal verschwunden ist und die Kopfhaut nur noch auf dem Schädelknochen aufliegt, können keine Haare mehr wachsen. Das Haar benötigt seinen eigenen »Boden«, um darin wachsen zu können. Es muß gut ernährt werden, und das Blut muß es durchströmen.

Viele Männer haben zunächst gute, gesunde Haare, aber sie sind gleichgültig oder unwissend, was die Ernährung und die Haarpflege angeht, und dies ist der Beginn der Glatzenbildung und vieler anderer Haar- und Kopfhautprobleme. Haare müssen genau wie ein schöner Garten gepflegt werden. Sie können sich nicht selber pflegen.

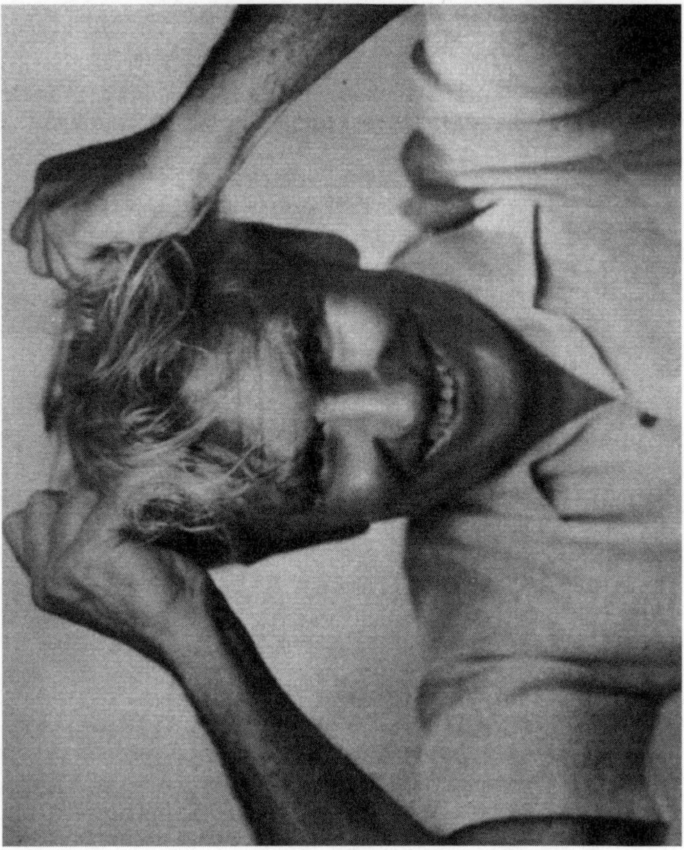

Ziehen am Haar verbessert die Durchblutung

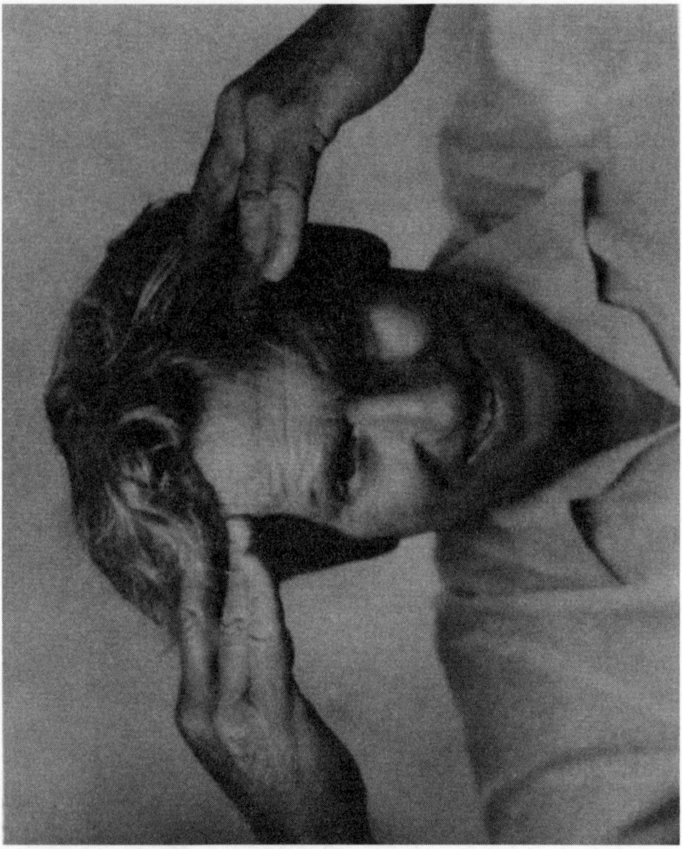

Massieren Sie die Kopfhaut kräftig mit den Fingern

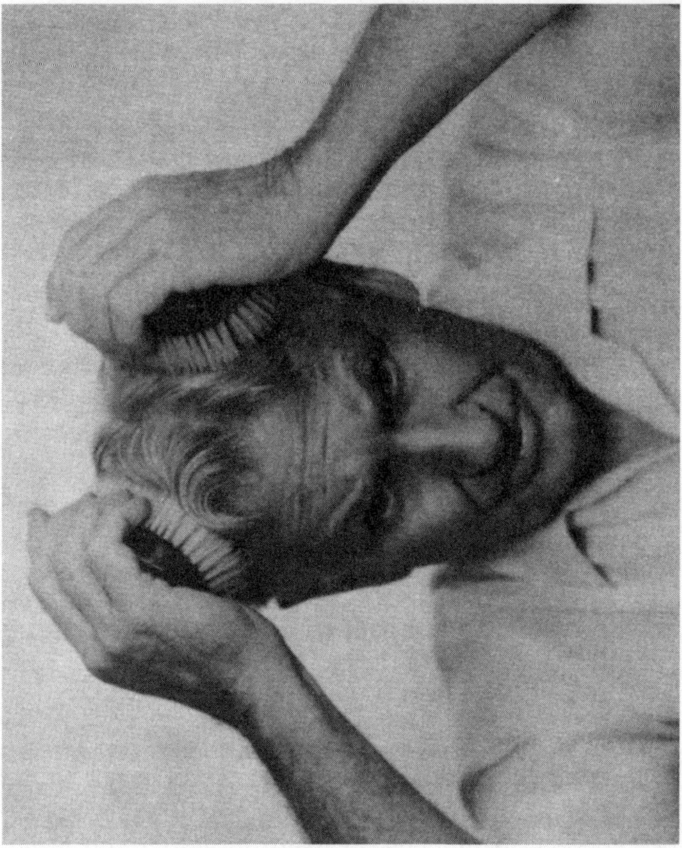

Morgendliches Bürsten ist wichtig für die Gesundheit des Haares und der Kopfhaut

Wenn Sie jeden Morgen und Abend durch kräftige Massage eine gute Durchblutung der Kopfhaut sicherstellen, können die Talgdrüsen besser arbeiten. Dies lockert Schmutz und Schuppen, die dann leichter herausgebürstet oder gewaschen werden können.

Eine normale Massage besteht nicht nur darin, die Kopfhaut von vorn nach hinten und von den Seiten her zu reiben und zu kneten, sondern auch darin, sie zu kneifen und von den darunterliegenden Geweben wegzuziehen, vor allem oben auf dem Kopf und an den Seiten, wo sie am straffsten ist. Massagegeräte mögen einen gewissen Wert haben, aber sie sind nicht so wirkungsvoll wie geschickt eingesetzte Finger. Die Technik der Kopfhautmassage wird später noch in diesem Buch erklärt, und Abbildungen zeigen Ihnen, was Sie selbst für Ihre Haare und für Ihre Kopfhaut tun können.

Zusammen mit richtiger Ernährung ist die tägliche Kopfhautmassage die beste Methode, Kahlköpfigkeit zu verhindern. Sofern der Haarausfall nicht von bestimmten inneren Störungen verursacht wird, hilft Massage fast mit Sicherheit. Es gibt kaum ein Präparat auf dem Markt, das seinen Benutzern nicht eindringlich rät, es *»kräftig in die Kopfhaut einzureiben«*. Wer solche Mittel benutzt, muß sich dessen bewußt sein, daß er eher vom Einreiben profitiert als von den duftenden Wässern, die er sich aufs Haupt gießt.

Es liegt nun einmal in der Natur des Menschen, daß viele Leute glauben, das Wachstum ihrer Haare zu unterstützen, wenn sie Geld für ein Haarwasser ausgeben, daß es aber nutzlos sei, ihren Kopf mit den eigenen Fingern zu massieren. Wenn das Haarwasser keine schädlichen Substanzen enthält und seinen Benutzer dazu bringt, seine Kopfhaut zu massieren, dann dient es in der Haarpflege einem guten Zweck.

Es scheint unglaublich, daß sich eine Legende entwickeln konnte, die dazu rät, bei der Pflege der Gesichtshaut kein Wasser anzuwenden. Und doch gibt es Frauen, die tatsächlich seit Jahren »wasserscheu« sind und stattdessen Cremes und Lotionen verwenden. Diese falsch informierten Menschen wissen nicht mehr, was »aqua pura« bedeutet. Die Tatsache, daß Wasser das sauberste Waschmittel ist, scheint nicht in ihre Überlegungen zu passen. Es ist zu leicht erhältlich!

*Es gibt keinen wissenschaftlichen Beweis dafür, daß reines Wasser (am besten destilliertes Wasser) und reine Seife der Haut, dem Haar oder der Kopfhaut schaden.* Wir haben diese Frage gründlich untersucht, und wir haben nicht einmal die Spur eines Beweises dafür gefunden, daß Haut, Haare und Kopfhaut in irgendeiner Weise von guter Seife und reinem Wasser geschädigt werden. Als wir die sogenannten »Haut-, Haar- und Kopfhautspezialisten« befragten, die sich gegen Wasser und Seife aussprechen, stellten wir fest, daß die meisten von ihnen ein Präparat zur Reinigung der Haut, der Haare und der Kopfhaut verkauften.

Diese Hersteller von Haut- und Haarpräparaten stützen ihre hygienischen Aussagen mit der Behauptung, ihre Haarwässer machten die Kopfhaut sauber und das Haar schön, gleichgültig, ob man den Kopf wasche oder nicht. Obwohl man die anderen Körperteile wenigstens einmal am Tag gründlich wäscht, ist das Haarewaschen oft ein seltener Ritus, um den man viel Aufhebens macht.

## Sauberkeit ist lebenswichtig

Sicherlich ist es schwieriger, Haare und Kopfhaut sauberzuhalten als andere Körperteile. Man benötigt Zeit, um die Haare richtig zu waschen – und Zeit ist das, was moderne Menschen nur ungern verlieren. Doch Haare werden leichter schmutzig als andere Teile des Körpers. Haare nehmen nicht nur Schmutz von außen auf, sondern zusätzlich noch die Absonderungen der Talgdrüsen und der Schweißdrüsen sowie die Schuppen der Kopfhaut, die ständig abgestoßen werden.

Eine normale Kopfhaut ist äußerst selten, und unter »modernen« Verhältnissen ist es fast unmöglich, sie über längere Zeit hinweg zu bewahren. Gerade aus diesem Grund ist sorgfältige und regelmäßige Pflege unerläßlich.

Wenn man nicht bereit ist, sich die erforderliche Mühe zu machen, um Haare und Kopfhaut sauberzuhalten, kann man sich ebensogut mit Reizungen, Infektionen und dem letztendlichen Verlust des Haares abfinden. Eine saubere Kopfhaut – zumindest eine Kopfhaut, die in vernünftigem Umfang saubergehalten wird – ist die Grundlage für gesunde, kräftige und schöne Haare. Keine künstliche Behandlung kann dies bewirken, solange es an Sauberkeit und Gesundheit als Grundvoraussetzungen fehlt.

Trotz aller Verlockungen der »Schönheit aus der Flasche« bleibt die einfache, unromantische Tatsache bestehen, daß die einzige Methode, die Haare sauberzuhalten, darin besteht, es mit guter Seife und reinem Wasser zu waschen.

Waschen hat den Haaren noch nie geschadet und wird ihnen niemals schaden. Es trocknet die Kopfhaut nicht aus. Es stört nicht das Wachstum der Haare. Und es verursacht weder die Schuppenbildung noch fördert es sie. Im Gegenteil – Seife und Wasser machen einfach sauber, und sie verlieren diese historisch überlieferte Fähigkeit nicht, wenn sie mit der Kopfhaut und den Haaren in Berührung kommen.

Normalerweise sollte man die Kopfhaut zweimal in der Woche waschen. Aber wenn sie infiziert ist, ist einmal täglich nicht zuviel. Menschen mit trockenen Haaren behaupten, Waschen sei nicht gut für sie. In Wirklichkeit kann der Zustand der Kopfhaut, der zu Trockenheit führt, oftmals beseitigt werden, wenn sie ihre Haare häufiger waschen würden. Sauberkeit fördert die Gesundheit.

## Was ist eine Haarwäsche?

Fragt man einen Durchschnittsmenschen, was eine Haarwäsche ist, antwortet er wahrscheinlich, es sei die Reinigung der Haare und der Kopfhaut. Die meisten Menschen, die ihre Haare selbst waschen oder waschen lassen, haben nur wenig darüber nachgedacht, was eine Haarwäsche wirklich ist oder was sie für das Haar und die Kopfhaut tun kann. Sie wissen, daß sie eine nützliche und angenehme Wirkung hat und daß man sie anwenden sollte, um die Haare sauberzuhalten.

Jedes Waschen besteht aus zwei Teilen: dem Waschen der Haare und dem Waschen der Kopfhaut. Es ist eine veraltete Vorstellung zu glauben, wenn die Haare sauber seien, kümmere sich die Kopfhaut um sich selbst. Das hört sich ganz gut an, aber da es nur zum Teil richtig ist, ist es ganz falsch. Sowohl die Haare als auch die Kopfhaut müssen gründlich gereinigt werden.

Unter der Kopfhaut befinden sich die zahllosen Haarfollikel. Sie werden vom Blut ernährt. Dies ist der Grund dafür, daß wir im einzelnen erläutert haben, wie man gesundes Blut für die Ernährung der Kopfhaut aufbaut. Haare und Kopfhaut hängen von der Art der Nahrung ab, die Sie Ihrem Körper zuführen. Behalten Sie dies im Gedächtnis. Die Gesundheit der Haare und der Kopfhaut beginnt mit der Nahrung, die Sie essen. Lebendiges, vitales Blut schafft schöne Haare und eine gesunde Kopfhaut.

Da das Blut in der Kopfhaut normalerweise träge fließt, erhalten die darunterliegenden Haarfollikel von ihm nicht immer die vitalen Nährstoffe, die sie benötigen. Dies ist der Grund, warum eine Massage die Durchblutung anregt und die Haut aktiviert. Die bessere Durchblutung versorgt die Drüsen mit zusätzlichen vitalen Nährstoffen, und dies verhilft Ihnen zu einer gesunden Kopfhaut und zu starkem Haarwuchs.

Jedes Haar kommt durch eine der winzigen Hautporen. Diese Poren müssen selbstverständlich saubergehalten werden, denn wenn sie mit Schlacken, Schmutz oder Schuppen verstopft sind, leidet das Haar – ebenso wie Ihr Teint leiden würde, wenn Sie Ihr Gesicht nicht sauberhielten. Eine Haarwäsche befreit die Kopfhaut.

Lassen Sie uns nun ein Haar betrachten. Wenn Sie eines Ihrer Haare durch die Finger ziehen, werden Sie bemerken, daß es sich glatt anfühlt, wenn Sie es in die eine Richtung ziehen, aber rauh, wenn Sie es in die andere Richtung bewegen. Unter einem starken Mikroskop kann man sehen, daß jedes Haar aus winzigen Zellen besteht, die wie Dachziegel übereinanderliegen. Wenn das Haar völlig sauber ist, stehen diese Schüppchen aus dem Haarstamm hervor und fangen das Licht ein. Dies erklärt den Glanz, den saubere, gesunde, starke Haare haben.

Wenn Sie sich ein Haar mit all diesen vorstehenden kleinen »Schindeln« vorstellen, verstehen Sie, wie sich Schmutz in den Taschen an der Basis der Schüppchen ansammelt, dort wo sie in den Haarstamm übergehen. Wenn sich diese winzigen Taschen mit Staub, Schmutz, Fett, Smog oder anderen Unreinheiten aus der Luft oder aus sonstigen fremden Substanzen füllen, können die »Haarschindeln« kein Licht mehr reflektieren, und das Haar verliert seinen Glanz – es wird stumpf, schmuddelig, leblos, strohig und unfrisierbar.

Eine richtige Haarwäsche reinigt das Haar selbst, indem sie Schmutz, Smog und Fett aus diesen Taschen entfernt.

Dann stehen die »Haarschindeln« hervor, fangen das Licht ein und machen das Haar glänzend und strahlend.

Haare und Kopfhaut brauchen vor dem Waschen eine intensive Behandlung. Beginnen Sie mit einer kräftigen Massage, indem Sie die Hände fest auf die Kopfhaut legen. Bewegen Sie die Hände und die Finger kreisförmig vorwärts und rückwärts, nach oben und nach unten, bis jeder Teil der Kopfhaut weich und biegsam ist und sich frei bewegen läßt.

Danach bürsten Sie mit der harten Bürste, um soviel Staub und Fett wie möglich zu entfernen.

Wenn Ihre Haare ziemlich fettig sind, weichen Sie ein Baumwolltuch in Apfelessig ein und befeuchten Sie damit die ganze Kopfhaut eine Stunde vor dem Waschen.

Die Zusammensetzung und die Reinheit der Shampoos, die zum Waschen der Haare und der Kopfhaut benutzt werden, sind von großer Bedeutung. Nur eine Armee von Chemikern könnte die verschiedenen Produkte bewerten, die auf dem Markt sind. Es gibt jedoch einige allgemeine Regeln, an die Sie sich halten sollten.

Seifen, die viel Alkali enthalten, sollten nie verwendet werden, denn sie beseitigen nicht nur den Schmutz und das Fett, sondern schädigen auch das Gewebe.

Außer Alkali enthalten Seifen hauptsächlich Fett. Wenn das Fett ranzig ist, kann es die Haut reizen. Die Reinigungswirkung von grüner Seife ist als besonders gut bekannt, aber wenn man diese Seife dauernd benutzt, kann sie die Haut austrocknen.

Im allgemeinen wirken die meisten Shampoos auf die gleiche Weise wie gewöhnliche Seife. Die einfachen neutralen Haarseifen bekannter Marken sind für die Haare und die Kopfhaut ebenso wirksam wie teure Präparate, gleichgültig ob letztere Parfüm oder Arzneien enthalten.

Reine Seife ist am besten. Es gibt nichts Besseres als reine Seife, die man in Wasser hobelt und unter Hitzeeinwirkung langsam auflöst. Reiben Sie nie mit einem Stück Seife das Haar und die Kopfhaut ab.

Das allerbeste Wasser zum Haarewaschen ist gutes, natürliches Regenwasser oder, wenn Sie dies nicht haben, destilliertes Wasser. Es lohnt sich, ein Faß aufzustellen, in dem Sie Regenwasser auffangen können. Eine Wäsche mit Regenwasser ist das beste, was Sie für Ihre Haare und Kopfhaut tun können. Sie sollten genügend Wasser zum Haarewaschen sammeln und dazu noch reichlich Wasser zum Trinken. Regenwasser ist das beste Trinkwasser, wenn es sauber ist.

Wenn Sie kein Regenwasser haben, geben Sie etwas Spülung ins Waschwasser, um es weicher zu machen. Mit hartem Wasser sollten Sie sich nicht waschen, es sei denn, es steht eine für hartes Wasser geeignete Seife zur Verfügung.

Haarewaschen ist in Wirklichkeit eine kombinierte chemische und mechanische Tätigkeit. Schmutz, Schuppen, Fett und infektiöse Partikel werden gelockert und weggewaschen. Die Regeln für richtiges Haarewaschen sind nicht kompliziert.

Machen Sie die Haare zunächst mit warmem Wasser naß. Wenn Sie die Haare vor dem Auftragen der Seife naß machen, schützen Sie sie bis zu einem gewissen Grad vor freiem Alkali, das in der Seife enthalten sein könnte.

Jetzt nehmen Sie die flüssige Seife. Beginnen Sie am Haaransatz über der Stirn, und reiben Sie die Seife von vorn nach hinten ein, bis sich dicker Schaum bildet, den Sie mit den Fingerspitzen in die Kopfhaut einmassieren sollten.

Sofern die Haare nicht sehr schmutzig oder fettig sind, braucht man zum Einmassieren des Schaumes keine Bürste. Eine gute Haarwäsche kann man mit den Händen machen. Benutzen Sie die Fingerspitzen, um den Schaum in die Kopfhaut zu reiben und die Schuppen und den Schmutz zu lockern. Denken Sie daran, daß wir in einer verschmutzten Welt leben. In der Luft ist eine Menge Gift enthalten, das sich auch in den Haaren und in den Poren der Kopfhaut festsetzt.

Setzen Sie die Massage der Kopfhaut fort. Zwei- bis dreimaliges Einseifen ist gewöhnlich notwendig, um Haare und Kopfhaut gründlich zu reinigen.

Spülen Sie gründlich nach, denn erst dadurch wird der Schmutz wirklich aus den Haaren entfernt. Setzen Sie das Spülen fort, bis jede Spur von Seife und Schmutz beseitigt ist.

Die Behauptung, es sei notwendig, die Seife vor dem Spülen zehn bis fünfzehn Minuten lang einwirken zu lassen, ist irrig. Wenn der Schaum zu lange im Haar bleibt, trocknet es zu sehr aus.

Nach dem zweiten oder dritten Einseifen spült man Haare und Kopfhaut zweimal gründlich mit warmem Wasser. Darauf folgt eine Spülung mit Essig (zwei Eßlöffel Apfelessig in einem halben Liter Wasser). Gießen Sie das Essigwasser über Haare und Kopfhaut. Eine Spülung mit Essig ist sehr wichtig, weil sonst Seifenteilchen im Haar verhindern, daß es gut aussieht und sich gut anfühlt. Der Essig neutralisiert die Seife und verbliebenes Fett im Haar und in der Kopfhaut.

Nach der Essigspülung spülen Sie zum Abschluß noch einmal mit kaltem Wasser. Dies regt die Durchblutung der Kopfhaut an und schließt gleichzeitig die Poren, die das heiße Wasser geöffnet und gereinigt hat.

Wenn Sie im Haar kleine Wasserkristalle sehen, wissen Sie, daß es sauber und frei von Seife ist. Achten Sie darauf, dem Haaransatz um den ganzen Kopf herum, auch hinter den Ohren, besondere Aufmerksamkeit zu widmen.

Wenn Blonde eine Essigspülung machen, sollten sie nur einen Eßlöffel Essig in einen Liter warmes Wasser geben. Viele Blonde bevorzugen auch eine Zitronenspülung. Sie sagen, Essig mache ihr Haar dunkel. Die Zitronenspülung für Blonde wird zubereitet, indem man den Saft einer Zitrone in einen halben Liter warmes Wasser drückt. Auch dieser Behandlung soll eine Spülung mit kaltem Wasser folgen.

Der beste Ort zum Trocknen Ihrer Haare ist draußen in der Sonne an der frischen Luft, sofern es das Wetter erlaubt. Wenn an kalten Tagen die Sonne in Ihr Haus scheint, stellen oder setzen Sie sich in die Nähe eines Fensters, und lassen Sie Ihre Haare von den Sonnenstrahlen trocknen.

Künstliche Hitze ist nicht zu empfehlen. Sie ist meist zu heiß und macht die Haare bei regelmäßiger Anwendung brüchig. Es ist zwar richtig, daß dies der schnellste Weg ist, die Haare zu trocknen, aber es ist nicht der beste.

Ihr Haar ist ein wertvoller persönlicher Besitz. Nehmen Sie sich Zeit, es richtig zu waschen und zu trocknen, damit es nach dem Waschen schön ist und sich gut anfühlt.

Wir haben festgestellt, daß die Haarwäsche unter der Dusche die einfachste und beste Methode ist, um sowohl kurze als auch lange Haare zu waschen. Es ist viel bequemer als das Bücken über ein Waschbecken, es erleichtert das gründliche Spülen und die Regulierung der Wassertemperatur, und der Druck der Wasserstrahlen aus der Dusche fördert die Durchblutung der Kopfhaut.

Eine wirkungsvolle Haarwäsche ist so einfach, wie wir es beschrieben haben. Verfeinerungen und die Beigabe hausgemachter »Geheimrezepte« nützen gewöhnlich nichts und können manchmal eher schaden.

Der alte Brauch, vor dem Waschen ein Eiweiß ins Haar zu reiben oder es dem Waschwasser beizugeben, verstärkt manchmal den Glanz der Haare und hilft, das Austrocknen zu verhindern.

Gegen ungewöhnliche Trockenheit der Kopfhaut hilft auch die Anwendung von Oliven-, Mandel-, Rizinus- oder Kokosöl vor dem Waschen. Man kann das Öl sogar am Abend zuvor auftragen und die Haare mit einem »Turban« bedecken.

Manche Menschen benutzen nach der Essig- oder Zitronenspülung gern ein Haarpflegemittel. Es gibt viele derartige Präparate auf dem Markt. Da das Haarpflegemittel nur in die äußere Schicht der Haare eindringt, ist es gewöhnlich harmlos und kann einige der Schäden beseitigen, die durch andere Präparate (z.B. Festiger, Färbemittel, Farbspülungen usw.) angerichtet werden.

Kopfhaut und Haare eines gesunden Körpers brauchen keine besondere Pflege, wenn sie saubergehalten werden. Wie wir bereits gesagt haben, sind Seife und Wasser alles, was für das Waschen benötigt wird. Waschen Sie Ihre Haare, wenn Sie glauben, daß eine Wäsche nötig ist, und das sollte wenigstens zweimal in der Woche der Fall sein.

Bevor Sie Ihre Haare waschen, sollten Sie zuerst Ihren Kamm und Ihre Bürste reinigen. Halten Sie auch Lockenwickler, Spangen, Haarnetze usw. sauber. Es nützt nicht viel, Haare und Kopfhaut zu waschen, wenn man sie anschließend mit einem schmutzigen Kamm und einer schmutzigen Bürste bearbeitet.

Nehmen Sie zum Säubern des Kammes eine Nagelbürste mit harten Borsten, um Schmutz, Schuppen und Fett zwischen den Zähnen zu entfernen.

Bürsten sind schwieriger zu reinigen als Kämme. Maximale Sauberkeit ist am leichtesten zu erreichen, wenn man den Borstenteil lösen und durch Kochen sterilisieren kann. Wenn das Kochen jedoch die Borsten weich macht, ist das Waschen in heißem Seifenwasser, dem ein paar Tropfen

Ammoniak hinzugefügt wurden, ebenso wirksam. Eine harte Nagelbürste kann man ebenfalls verwenden, um Schmutz, Schuppen und Fett von der Basis der Borsten zu entfernen.

Günstige Wirkungen auf die Haare und auf die Kopfhaut hat auch Meerwasser. Wegen seines Salzgehaltes hat Meerwasser eine stimulierende Wirkung auf Haar und Kopfhaut, ebenso wie auf andere Hautpartien.

Die verbreitete Behauptung, Salzwasser schade den Haaren, ist wahrscheinlich darauf zurückzuführen, daß trocknendes Salzwasser die Haare klebrig macht. Dies kann man leicht verhindern, indem man Haare und Kopfhaut gründlich mit Süßwasser spült, bevor das Meerwasser trocknet.

Da Bademützen kaum jemals vollständigen Schutz gegen Wasser gewährleisten, können Frauen ebensogut ohne Mütze baden, wenn es sie nicht stört, eine Zeitlang ungepflegt auszusehen, weil ihnen nasse Haare ins Gesicht hängen. Es gibt sicherlich keine wissenschaftliche Begründung dafür, beim Baden im Süßwasser eine Bademütze zu tragen (außer in öffentlichen Schwimmbädern, in denen man ohne Bademütze nicht schwimmen darf). Der feste Sitz der üblichen Bademützen stört aber die Durchblutung.

Die schönen Frauen der Südsee haben Haare, um die viele andere Frauen sie beneiden würden, aber es fällt schwer, sich vorzustellen, daß sie sich Bademützen überstreifen, bevor sie ins Wasser springen. Für die Männer der Südsee gilt dasselbe. Patricia und ich sind viele Monate in der Südsee gewesen, und wir haben nur sehr selten einen kahlköpfigen Mann gesehen.

## Erlebnisse in der Südsee

Südseeinsulaner verbringen einen großen Teil ihres Lebens auf dem Meer und im Meer, und doch bleiben ihre Haare während ihres ganzen Lebens glänzend, schön und gesund. Selbst achtzigjährige Männer und Frauen haben dichte, schöne Haare.

Sie verbringen so viel Zeit im Meerwasser und im Süßwasser, daß Haare und Kopfhaut immer sauber sind. Außerdem haben sie ihre eigenen Methoden der Haarpflege. Einreibungen mit Kokosöl und häufige Kopfhautmassagen gehören dazu.

Diese einfachen Menschen sind nicht den wertlosen Nahrungsmitteln der Zivilisation ausgesetzt. Sie essen natürliche Nahrung – reichlich frisches Gemüse und Salate, Früchte, Algen und Fisch. Wie bereits erwähnt, ist Jod ein wertvoller Wirkstoff für den Körper. Algen und Fische liefern den Menschen der Südsee Jod im Überfluß.

Ich verbrachte ein ganzes Jahr auf den Inseln der Südsee, um die Gesundheit und die Ernährungsweise der dortigen Bevölkerung zu studieren. Während meines Aufenthaltes aß ich jeden Tag Algen. Am Ende des Jahres stellte ich fest, daß meine Haare dichter, stärker und gesünder waren als jemals zuvor in meinem Leben.

Seit meinem Südseeabenteuer esse ich täglich Algen. Wie ich bereits erwähnt habe, führen Reformhäuser und Naturkostläden Algen in verschiedener Form: Algenpulver, das man über seine rohen und gekochten Speisen streuen kann, um ihnen einen herben, köstlichen Geschmack zu verleihen. Sie können sicher sein, dadurch täglich Ihren Bedarf an lebenswichtigem Jod zu decken.

## Die Wahrheit über Schuppen

Da Schuppen der böse Feind sowohl der Hersteller von »Wundermitteln« als auch der seriösen Haarspezialisten sind, ist es wichtig, diesen oft mißverstandenen und mißbrauchten Gebilden mehr als nur gewöhnliche Aufmerksamkeit zu widmen.

*»Neun von zehn Personen, die sich wegen Kahlheit behandeln lassen wollen, leiden an dem, was sie Schuppen nennen.«* Dies schreibt einer unserer führenden Dermatologen in einem Kapitel, dem er den Titel gibt: *»Vorzeitige Kahlheit und Schuppen«.*

Nun wollen wir nicht bestreiten, daß man es *»so sagen kann«,* aber wir meinen, man sollte es nicht so sagen – aus dem einfachen Grund, weil es nicht stimmt. Mehr noch, wir behaupten, daß Kahlheit und Schuppen keinesfalls Zwillinge sind und nicht einmal enge Partner sein müssen.

Es ist wirklich ein Unglück, daß unsere wissenschaftlichen Autoritäten – in Unkenntnis der Ursachen für die Kahlköpfigkeit – seit Jahrzehnten in Aussagen wie der eben zitierten Zuflucht suchen. Derselbe Spezialist behauptet außerdem, Schuppen seien unweigerlich ein Zeichen für eine kranke Kopfhaut. Doch jeder praktische Arzt weiß, daß sich bei jedem Menschen irgendwann einmal übermäßig viele Schuppen bilden. In den meisten Fällen stellt sich bei der Untersuchung heraus, daß keine Krankheit vorliegt. Auf der gesündesten Kopfhaut kann man oft übermäßige Schuppenbildung feststellen – und viele kranke Köpfe sind zeitweilig frei davon.

Seborrhö wird in unseren Lehrbüchern häufig als Synonym für Schuppen benutzt. Die wissenschaftliche Forschung hat jedoch keine Beweise dafür, daß beides dasselbe oder auch nur miteinander verwandt ist. Wir wissen, daß sich die äußere Schicht der gesamten Hautoberfläche ständig schält und erneuert und in Form winziger Schuppen abfällt. Wenn diese toten und ausgeschiedenen Zellen an der Kopfhaut hängenbleiben, werden sie als Schuppen bezeichnet.

Seborrhö ist jedoch ein völlig anderer physiologischer Prozeß. Bei ihr handelt es sich um das normale Abstoßen der Fettsubstanz – Talg genannt –, die von den Talgdrüsen abgesondert wird. Diese Drüsen sind auf der Kopfhaut und auf der Nase sehr zahlreich, und ihre Absonderungen lassen die Nase fettig oder »glänzend« erscheinen. Dem Haar und der Kopfhaut liefern die Talgdrüsen das Fett, das den natürlichen Glanz und die angenehme, seidige Weichheit der Haare hervorruft.

Wenden wir unsere besondere Aufmerksamkeit einem der kleinsten und interessantesten Muskeln des Körpers zu. Er wird Arrector pili genannt, und er ist der einzige Muskel auf dem Schädeldach. Er ist mit jedem Haar und mit dem dazugehörigen Gewebe verbunden, und seine Tätigkeit erfolgt unwillkürlich und unkontrollierbar. Dieser kleine Muskel bewirkt nicht nur das Aufrichten der Haare und die Gänsehaut, sondern durch seine Kontraktion wird auch der Inhalt der Talgdrüsen ausgestoßen.

Ein Nervenimpuls bewirkt, daß sich der Arrector pili zusammenzieht und den fettigen weißen und gelblichen Inhalt dieser Säckchen – der Talgdrüsen – nach und nach freisetzt. Aus irgendwelchen Gründen ist diese Talgabsonderung bei manchen Menschen stärker als bei anderen. Es ist kein Mittel bekannt, um diese Talgabgabe zu verstärken oder zu verringern.

Manche Männer und Frauen müssen ihre Haare täglich oder alle paar Tage waschen, weil sie immer wieder fettig werden. Wir kannten eine Frau, die ihre Haare während ihres ganzen Lebens jeden Tag waschen mußte, weil die

Talgproduktion so stark war. Wie bereits erwähnt, hat eine Haarwäsche mit guter Seife noch nie geschadet, unabhängig davon, wie oft man sich wäscht. Gute Seife und Wasser sind gut für Haare und Kopfhaut.

Denken Sie daran, daß Schuppen und Seborrhö zwei völlig verschiedene Vorgänge sind, beide normal und natürlich. *Schuppen* nennt man das Abschälen der äußeren, toten Hautzellen, die normalerweise feucht sind. *Seborrhö* ist die Absonderung von Talg aus den Talgdrüsen. Diese Ausdrücke werden seit Jahrhunderten miteinander verwechselt, weil man nicht richtig beobachtet.

Der Vorgang, der zu den sogenannten Schuppen auf der Kopfhaut führt, spielt sich überall auf der Haut ab, erstens aus Gründen der Hauterneuerung und zweitens zur Unterstützung von Heilprozessen. Ohne diese Fähigkeit, die obersten, toten Schichten der Haut abzustoßen, könnte die Haut nach Verletzungen wie Schnittwunden, Verbrennungen und Verbrühungen nicht heilen. Wir sehen also, daß der Vorgang, der die Schuppenbildung bewirkt, lebenswichtig ist.

Bei Menschen, deren Kopfhaut eine überreichliche Menge Talg absondert, verbindet sich der Talgüberschuß mit den kleinen Hautschuppen und bildet das, was man als »fettige Schuppen« kennt. In anderen Fällen – wenn die Abschuppung stark und die Talgabsonderung gering ist – kommt es zu sogenannten »trockenen Schuppen«.

Gewisse »Experten« profitieren davon, daß Öle, Seifen, Spezialshampoos und Antiseptika in Verbindung mit Salben und Wasser, häufig angewandt, zu einem vorübergehenden Abschuppen der Hautoberfläche führen. Da aber die Wirkung dieser Präparate ebenfalls von der Natur und ihrer Fürsorge für ihre Geschöpfe abhängt, sind diese Wirkungen vorübergehender Art, oder sie fehlen ganz. Denn die toten Zellen bilden sich ständig, und sie fallen ab in Übereinstimmung mit den Naturgesetzen. Daher empfehlen einige »Haarspezialisten« die häufige Anwendung ihrer Mittel, um den natürlichen Vorgang zu vertuschen.

Schuppen finden wir bei Menschen aller Altersstufen und beiderlei Geschlechts. Da Frauen sie ebenso wie Männer und Kinder haben, ist es seltsam, daß sie bei jungen gesunden Männern nicht zu Kahlheit führen. Die Methoden, zu denen manche »Haarspezialisten« greifen, um Schuppen zu verdammen, sind bemitleidenswert!

Einige Autoren gehen so weit zu behaupten, Schuppen seien ansteckend oder übertragbar. Die Wahrheit ist, daß Schuppen nicht nur nicht ansteckend sind, sondern daß sie sogar eine gewisse antiseptische Wirkung haben. Wenn die Kopfhaut verletzt oder durch Bakterien infiziert ist, besteht die erste Verteidigungsmaßnahme der Natur gewöhnlich in der Absonderung einer abnormen Talgmenge, und auf diese Weise heilen Kopfhautinfektionen oder -wunden oft ohne medizinische Hilfe. Die zerstörerischen bakteriellen Eindringlinge werden einfach von den überschüssigen Talgmengen eingeschlossen. Dann blättert die äußere Hautschicht wie gewöhnlich ab, und die infektiösen Organismen werden mit ihr zusammen beseitigt.

Sie brauchen keine Angst vor den »ansteckenden« Schuppen auf den Köpfen anderer Menschen zu haben. Es ist einfach unmöglich – ebenso unmöglich wie eine Ansteckung durch abgeschnittene Fingernägel anderer Personen.

Das in diesem Buch vorgestellte Pflegeprogramm für Haare und Kopfhaut zeigt Ihnen, wie man Schuppenbildung verhindert.

Als erstes muß man daran denken, daß Haare und Kopfhaut täglich gepflegt werden müssen. Die Kopfhaut muß zweimal am Tag kräftig massiert werden, andernfalls bleiben die Schuppen an der Kopfhaut und an den Haaren haften.

Massieren Sie die Kopfhaut, greifen Sie mit den Händen ins Haar und bewegen Sie die Kopfhaut kräftig von einer Seite zu anderen und dann vorwärts und rückwärts, dann machen Sie kreisförmige Bewegungen, bis jeder Teil der Kopfhaut weich und flexibel ist und sich frei bewegen läßt

Wer dünne Haare hat, sollte das Greifen und Ziehen der Haare zurückstellen, bis er die Kopfhaut durch Fingermassage oder mit einem Vibrator gelockert hat

Unsere langjährige Erfahrung auf dem Gebiet der Haar- und Kopfhautpflege hat uns gelehrt, daß Menschen mit straffer Kopfhaut mehr Haar- und Kopfhautprobleme haben.

Alle Arten der Haar- und Kopfhautmanipulation sind entschieden nützlich, vor allem dann, wenn sich die Kopfhaut nicht frei auf dem Schädel verschieben läßt. Wenn die Kopfhaut erst einmal locker ist, verbessern kräftiges Massieren, Kneifen, Kneten und sanftes, aber festes Ziehen an den Haaren deren Stärke und regen das Wachstum an.

Leider haben die meisten Menschen die Haar- und Kopfhautpflege gröblich vernachlässigt, weil ihnen niemand gesagt hat, wie wichtig es ist, den Haaren und der Kopfhaut Aufmerksamkeit zu widmen. Eines Tages beginnen die Haare auszufallen, und die Kopfhaut macht Schwierigkeiten.

Von heute an können Sie damit anfangen, starke, gesunde Haare und eine gesunde Kopfhaut aufzubauen!

## Kahlheit

Zu den wichtigen Opfern, welche die menschlichen Spezie im Laufe ihrer Evolution vom primitiven zum zivilisierten Menschen erbracht hat, gehört der Verlust der Haare, die den Kopf schmücken. Hottentotten und australische Buschmänner leiden nicht an Kahlköpfigkeit.

Von Zeit zu Zeit rasieren einige primitive Stämme ihre Köpfe, um der jeweiligen Mode des Dschungels zu entsprechen. Dies ist ein Zeichen dafür, daß eine Fülle von Haaren normal und ihr Fehlen anormal ist. Durch das Entfernen seiner Haare wird der Primitive also »anders« und besonders modisch.

Kahlheit oder Alopecia bedeutet einfach, daß die Haare verloren gegangen sind. Gleichgültig, ob es sich nur um ein leichtes Ausdünnen handelt oder um einen totalen Haarverlust, und gleichgültig, ob nur die Kopfhaut oder andere Stellen oder der ganze Körper betroffen sind – immer handelt es sich um Kahlheit.

Um es zu wiederholen: Kahlheit ist ein Zustand, der fast nur bei zivilisierten Menschen anzutreffen ist. Bei Primitiven, die sich natürlich ernähren und im Freien leben, findet man sie selten. Diese Tatsache ist wahrscheinlich die Ursache für die Vorstellung, Kahlheit sei ein Zeichen für ungewöhnliche Geisteskräfte.

Natürlich hat fehlendes Haar nichts mit Intelligenz zu tun. Das Körnchen Wahrheit in dieser Behauptung liegt darin, daß Intellektuelle ihr Leben eher im Sitzen verbringen und ihr Allgemeinzustand nicht gut ist. Als Typ sind sie nervös und neigen zu Störungen der innersekretorischen Drüsen. Die Anspannung, der Streß und die Belastung des modernen Lebens schwächen die körperliche Widerstandkraft so sehr, daß Krankheiten der Kopfhaut – wie die Kahlheit – häufiger vorkommen und schwieriger zu beseitigen sind. Nicht alle kahlen Köpfe sind also intellektuell; aber, wie ein Autor bemerkt hat, man sieht mehr Glatzen bei Tagungen von Geschäftsleuten als in einer Varietévorstellung.

## Hitze und Kunstlicht schaden den Haaren

Bei unseren Forschungen über Kahlheit haben wir festgestellt, daß künstlich erwärmte und gekühlte Räume etwas mit Kahlheit zu tun haben.

In New York City besuchten wir eine große Versicherungsgesellschaft, wo mehrere hundert Männer in einem riesigen Raum an ihren Schreibtischen arbeiteten – ausschließlich bei künstlichem Licht. Es gab überhaupt kein Tageslicht im Raum. Es gab keine Fenster. Im Winter wurde der Raum künstlich geheizt und im Sommer künstlich gekühlt. Zu keiner Zeit während ihrer acht Stunden in diesem Großraumbüro bekamen diese Männer natürliches Tageslicht oder natürliche Luft.

Sie waren zwischen 22 und 64 Jahre alt. Eine Zählung ergab, daß mehr als die Hälfte von ihnen völlig oder teilweise kahlköpfig waren. Von den 200 Männern, die wir zählten, hatten nur 14 gute, gesunde Haare.

Dies ist kein Einzelfall. Wir besuchten andere große Büros, wo die gleichen Verhältnisse herrschten, und wir fanden bei den Haaren der dort arbeitenden Männer ebenfalls die gleichen Verhältnisse. Wir besuchten auch Großraumbüros, wo bis zu 700 Frauen unter den gleichen künstlichen Bedingungen arbeiteten, und fanden einige unter ihnen, bei denen Haare und Kopfhaut in schlechtem Zustand waren.

Haare und Kopfhaut brauchen Sonnenlicht und frische Luft. Menschen, die gezwungen sind, bei Kunstlicht zu arbeiten und künstliche Luft zu atmen, sollten darauf achten, ihren Haaren und ihrer Kopfhaut jeden Tag ein Sonnen- und Luftbad zu geben. Verbringen Sie Ihre Mittagspause in einem Park, und gönnen Sie Ihren Haaren und Ihrer Kopfhaut Sonnenschein und frische Luft, während Sie ihr Mittagsmahl verzehren. Ihr ganzer Körper profitiert davon. Die Männer und Frauen, die wir unter künstlichen Bedingungen arbeiten sahen, hatten blasse Gesichter. Ihre Ohren waren bleich, und ihren Lippen fehlte die Röte, die durch frische Luft und Sonne hervorgerufen wird.

## Führt das Klima zu Kahlheit?

Bei unseren Forschungen über Kahlheit sind wir auf die Behauptung gestoßen, extreme Temperaturen seien schädlich für das Wachstum und die Lebensdauer der Haare. Manche Leute sagen, Haare wüchsen am besten in einem milden Klima, das weder zu warm noch zu kalt sei. Andere fügen hinzu, das Klima dürfe nicht zu trocken oder zu feucht sein.

Nun – wir haben auch diese Hypothese geprüft. Wir stellten fest, daß Kahlköpfigkeit bei den Lappen, die in der Kälte leben, und bei tropischen Völkern, die in der Hitze leben, sehr ungewöhnlich ist. Unter zivilisierten Völkern der gemäßigten Zone gedeiht sie!

## Ist die Vererbung schuld?

Die meisten kahlköpfigen Menschen machen die Vererbung für ihre Glatze verantwortlich. Um dieser Vererbungstheorie überhaupt eine Grundlage zu geben, müssen wir zunächst die Frage beantworten, warum Frauen sehr selten Kahlköpfigkeit »erben«, obwohl ihre Kopfhaut, ihre Schädelstruktur und die Wachstumsfähigkeit ihrer Haare von der gleichen Art sind wie bei Männern. Man neigt dazu, dieses Dilemma zu umgehen, indem man behauptet, Kahlheit sei ein sekundäres Geschlechtsmerkmal des Mannes. Aber sekundäre Geschlechtsmerkmale, soweit sie wirklich existieren, sind allen Männern gemeinsam und nicht auf eine Minderheit beschränkt, wie es bei der Kahlheit der Fall ist. Und warum teilen sich Brüder diese Erbschaft nicht immer? Daß Brüder nicht immer »gleich« sind, ist allgemein bekannt.

Da wir durch die ganze Welt reisten, hatten wir reichlich Gelegenheit zu untersuchen, ob Vererbung wirklich die Ursache der Kahlköpfigkeit ist. Wir kennen eine Familie in Australien auf einer großen Schafzuchtfarm. Neun Brüder leben und arbeiten zusammen auf der Farm. Sechs von ihnen haben ausgezeichnete Haare. Drei sind nahezu kahl. Ihr Alter liegt zwischen 30 und 50 Jahren. Der Vater, ein Siebziger, ist seit seinen frühen zwanziger Jahren kahlköpfig. Die Mutter hat normale Haare.

Einige Haar- und Kopfhautspezialisten behaupten, nervöse Männer neigten zu Kahlheit. Aufgrund unserer Forschungen können wir dies nicht bestätigen. In psychiatrischen Kliniken sowohl hier als auch im Ausland ist der prozentuale Anteil der Kahlköpfigen unter den Patienten nicht größer als bei jeder anderen Bevölkerungsgruppe.

## Was verursacht Kahlheit?

Nun möchten wir unsere Auffassung zur Kahlköpfigkeit darlegen. Beginnen wir mit der Feststellung, daß alle Zellen, Organe, Knochen und Gewebe des Körpers durch das Blut ernährt werden und daß all diese Zellen hinsichtlich ihrer Gesundheit von der Qualität der Nährstoffe abhängen, die das Blut ihnen zuträgt. Wenn im Blut ein Mangel an einem wichtigen Nährstoff herrscht, der zum Aufbau einer bestimmten Zellart benötigt wird, leidet die betreffende Zelle an Unterernährung.

Zunächst einmal glauben wir, daß gesundes Haar mit der Empfängnis anfängt. Wenn im Leib der Mutter ein neues Leben beginnt, bekommt dieses Kind seine Nahrung von der Mutter. Wenn die Mutter nicht mit den lebenswichtigen Nährstoffen versorgt ist, die einen gesunden »Boden« für das Haar des Ungeborenen aufbauen, wird der Mangelzustand in dessen Leben früher oder später sichtbar.

Angenommen, ein Kind wird mit einer Neigung zu schwachen, dünnen Haaren geboren, und nach seiner Geburt wird sein täglicher Bedarf an wichtigen Nährstoffen für die Bildung kräftiger Haare immer noch nicht ausreichend gedeckt. Falsche Ernährung der schwangeren Mutter und unzureichende Ernährung des Kindes bedeuten dann einen schwierigen Start ins Leben auf einem unsicheren gesundheitlichen Fundament. Man kann es wie folgt ausdrücken: Kahlköpfigkeit ist meist eine Tragödie der schlechten Ernährung in Verbindung mit fehlerhafter Haar- und Kopfhautpflege.

Sie mögen nun fragen: *»Wenn Kahlheit Ihrer Meinung nach ein Ernährungsproblem ist, warum sind dann in derselben Familie manche Männer kahl und manche nicht – wie in der obengenannten australischen Familie?«*

Diese Frage müssen wir so beantworten: Jeder Mensch ist ein chemisches Laboratorium, und alle Laboratorien arbeiten unterschiedlich. Einige Menschen wurden mit einem besseren chemischen Labor geboren als andere und haben die Fähigkeit, bestimmte Nahrungsmittel in bestimmte Stoffe umzuwandeln. Jeder von uns ist einmalig, ebenso wie jede Schneeflocke und jedes Eichenblatt eine einmalige Form hat. Sie sind SIE – das dürfen Sie nie vergessen. Niemals wurde ein Mensch genau wie Sie erschaffen, und einen solchen Menschen wird es nie geben.

Wir behaupten nicht, richtige Ernährung sei ein Heilmittel gegen Kahlköpfigkeit. Wir haben kein Heilmittel gegen Glatzen. Aber wir haben einige interessante Beobachtungen bei kahlköpfigen Menschen gemacht, die sich auf eine andere Ernährungsweise umstellten. Diese Menschen hatten unsere Bücher gelesen oder unsere Vorträge über Gesundheit gehört.

Ich will Ihnen den Fall eines Herrn aus New York City schildern:

Wir hielten einige Seminare in New York ab. Es handelte sich um Seminare über die Wirkung einer wissenschaftlich fundierten Ernährung auf den menschlichen Körper. Wir erhoben nicht den Anspruch, Heilmittel irgendwelcher Art zu haben. Unsere Botschaft war und ist, daß eine bessere Ernährung unweigerlich bessere Menschen hervorbringt. Diese wichtige Tatsache wird von Tierzüchtern sicherlich nicht bestritten. Sie sind ausgebildete Spezialisten der richtigen Ernährung von Tieren, die gesund und gut verkäuflich sein sollen. Wir glauben, daß Menschen noch wertvoller sind, und wir sehen keinen Grund, warum sie nicht die Früchte einer wissenschaftlichen Ernährung genießen sollten.

Unsere Kursteilnehmer in New York erhielten eine gründliche Ausbildung in der Ernährungslehre, und sie wandten dieses Wissen bei sich selbst an. Wir baten sie nicht um persönliche Referenzen. Wir tun dies nie; aber im Laufe der Jahre haben wir tausende Referenzen von Menschen erhalten, die an unseren Seminaren teilnahmen oder unsere Bücher lasen.

Vier Jahre nach unserem Seminar in Ernährungslehre in New York – schickte uns der besagte Herr unaufgefordert ein Schreiben, in dem er berichtete, er habe keinen dünnen, schwachen Körper mehr, sondern ein gesundes Gewicht. Er hatte unsere Ratschläge befolgt und genoß jetzt eine ausgezeichnete Gesundheit.

*»Als ich an Ihrem Seminar teilnahm, war ich 43 Jahre alt und hatte oben auf dem Kopf fast alle Haare verloren«,* schrieb er. *»Aber seit dem vergangenen Jahr sehe ich wieder Haare auf meinem Kopf wachsen, was ich meiner besseren Gesundheit zuschreibe, die wiederum die Folge richtiger Ernährung ist.«*

Fünf Jahre später schrieb uns dieser Herr wieder und berichtete, er habe wieder mit dem Handballspielen begonnen, das er mangels Energie seit vielen Jahren nicht mehr gespielt habe. Er erzählte uns, wie froh er darüber sei, daß er jetzt sein gesundes Haar scheiteln könne.

Der Brief gleicht vielen anderen Briefen, die wir von unseren Kursteilnehmern aus der ganzen Welt unaufgefordert erhalten.

## Sie sind, was Sie essen

In unseren Vorträgen und Seminaren lehren wir die gleiche Haarpflege und -hygiene wie in diesem Buch. Wir versprechen keine Wunder. Wir bieten keine Heilmittel an. Wir sagen einfach: *»Sie sind, was Sie essen.«*

Wenn Sie einen starken, gesunden Körper haben möchten, müssen Sie ihm die wichtigen Nährstoffe zuführen, die er braucht, um fehlerlos zu arbeiten.

Wir wünschen uns wirklich, wir könnten jedem, der Haar- oder Kopfhautprobleme hat, die gleichen Erfolge versprechen, die unser Freund aus New York mit seiner guten Ernährung hatte. Aber dies können wir nicht versprechen. *Wir können Ihnen nur dabei helfen, sich selbst zu helfen! Mehr können wir nicht tun.*

Wir glauben, daß **Vorbeugung** der größte Dienst ist, den wir unseren Hörern und Lesern leisten können. Wenn Sie noch Haare auf dem Kopf haben, dann ist dies die rechte Zeit, um Ihren Körper richtig zu ernähren, damit Sie Ihr volles Haar behalten. Dies ist die Zeit, wo Sie Ihr Haar massieren und sorgfältig pflegen sollten. Warten Sie nicht, bis es ausfällt, um dann nach Wundermitteln zu fragen.

Wir sind fest davon überzeugt, daß gute Gesundheit und richtige Ernährung für kräftige gesunde Haare lebenswichtig sind. Wenn Sie Ihre Haare noch haben, so ist dies die beste Zeit, um sie zu pflegen.

Unsere Forschungen über die Ursachen der Kahlheit und anderer Kopfhaut- und Haarprobleme gehen Tag für Tag weiter. Wir wüßten gern genau, welches die Ursache der Kahlköpfigkeit ist und wie sie geheilt werden kann. So wie es bis jetzt aussieht, spielt die Ernährung eine wesentliche Rolle.

Und wieder sagen wir jedem, der seine Haare noch hat: Behandeln Sie Ihre Haare wie einen Schatz und pflegen Sie sie sorgsam.

## Hüte können zu Kahlheit führen

Wir sind durch die ganze Welt gereist und konnten Tausende von kahlköpfigen Männern beobachten. Bei Männern, deren Ernährung ausgewogen ist und die keine Hüte trugen, fanden wir am seltensten Kahlköpfigkeit. Gute Ernährung und gute Durchblutung der Kopfhaut haben gewiß sehr viel mit der Frage zu tun, ob Männer ihr Haare behalten.

Die Haare sind abhängig von einer ausreichenden Versorgung mit gutem Blut, das ihm reichlich Sauerstoff zuträgt. Die großen Blutgefäße, die das Blut zum Haar befördern, werden als Schläfenschlagadern bezeichnet. 98 Prozent aller Hüte pressen diese Adern zusammen und verringern die Durchblutung der Haare und der Kopfhaut.

Wenn die Haare unter Durchblutungsstörungen leiden, gilt dies ebenso für die Kopfhaut, die von denselben Blutgefäßen abhängt. Man wird unweigerlich feststellen, daß die Kopfhaut kahler Männer in dem Bereich abnorm ist, der vom Hut bedeckt wird. Unterhalb dieser Fläche unterscheidet sich die Kopfhaut kahler Männer jedoch nicht merklich von der Kopfhaut anderer Männer. Betrachten Sie die Männer um sich herum, und Sie werden feststellen, daß viele von ihnen oben auf dem Kopf kahl sind, während die Haare weiter unten normal wachsen.

Während der letzten zehn Jahre haben wir die Konstruktion von Männerhüten überall auf der Welt studiert. Praktisch alle drücken die vordere Schläfenvene und -arterie zusammen. Die vorderen Schläfenschlagadern befinden sich an der rechten Seite des Kopfes auf einer Linie mit der Spitze des rechten Ohrläppchens.

Da der Hut oft der schlimmste Feind ist, möchte man meinen, die einfachste Vorbeugemaßnahme bestehe bei Männern darin, keine Hüte mehr zu tragen. Aber so einfach ist das Problem nicht. Es gibt Tausende von Männern, die beim Militär, bei der Eisenbahn, als Bus- und Taxifahrer, Flugzeugpiloten und in Hunderten von anderen Berufen arbeiten, wo im Dienst Uniformen und Mützen getragen werden müssen. Praktisch alle diese Mützen drücken auf die vordere Schläfenschlagader. Noch mehr als andere sollten diese Männer, die durch die Umstände gezwungen sind, Hüte und Mützen zu tragen, das tägliche Massageprogramm für Haare und die Kopfhaut befolgen, das diese wichtige Ader befreit.

Haare und Kopfhaut brauchen Sauerstoff. Wenn man keinen Hut trägt, sorgt man für die Durchlüftung, die Haare und Kopfhaut benötigen. Die meisten Menschen, die aus Gewohnheit keinen Hut tragen, haben ausgezeichnetes Haare.

Das Tragen eines Hutes zerstört jedoch nicht unbedingt die Haare – außer wenn der Hut an den Schläfen zu fest sitzt, die Blutgefäße zusammendrückt und die Durchblutung abschnürt. Wie bereits erwähnt, kann dieser Druck auch den »Haarboden« aushungern, der Kopfhaut und Haare mit Nährstoffen versorgt.

Festsitzende Filzhüte ohne Luftzufuhr sind ebenfalls schädlich für Männer und Frauen, da sie stärkeres Schwitzen bewirken, was die Kopfhaut reizt und Infektionen begünstigt. Das gleiche gilt für straffe Bademützen.

Eltern von Kindern, deren Köpfe an den Schläfen am breitesten sind, tun gut daran, die gegenwärtig übliche Mützenform abzulehnen und auf »Sicherheitsmützen« zu bestehen, die die Schläfenschlagader überbrücken und schützen.

Es wäre für alle Menschen besser, wenn sie Hüte und Mützen wegwerfen würden. Wir räumen jedoch ein, daß dies nicht immer möglich ist. In kaltem Klima können

Menschen mit schlechter Gesundheit und schwacher Konstitution nicht auf Kopfbedeckungen verzichten, und manche Menschen sind, wie oben erwähnt, von Berufs wegen gezwungen, Mützen zu tragen. Und manche Leute möchten gern Hüte tragen. Aber jeder, der einen Hut oder eine Mütze trägt, sollte darauf achten, daß die Durchblutung der Haare und der Kopfhaut nicht gestört wird.

## Lehren Sie Kindern die Regeln für gesunde Haare

Die beste Zeit, Kahlköpfigkeit zu verhindern, ist die Zeit vor ihrem Beginn. Die meisten Männer warten, bis sie kahl zu werden beginnen, bevor sie etwas dagegen tun.

Man sollte Kinder früh auf die Gefahr einer dauerhaften Kahlköpfigkeit hinweisen und ihnen ein gutes Gesundheits- und Pflegeprogramm für die Haare beibringen, das sie während ihres ganzen Lebens befolgen können. Wenn Eltern und Kinder das in diesem Buch beschriebene Programm anwenden würden, gäbe es unsere Meinung nach innerhalb von zwanzig Jahren mit Sicherheit weniger kahle Köpfe.

## Selbstbehandlung

***Sechs Standardmassagen***

Diese Selbstbehandlung hält Haar und Kopfhaut gesund und hilft, Kahlheit zu verhindern.

Wir möchten noch erwähnen, daß Kahlheit zwar in der Regel vorn über der Stirn beginnt und sich langsam nach hinten ausbreitet, daß dies aber nicht immer der Fall ist. Wenn die Haare nicht zuerst über der Stirn, sondern am Hinterkopf auszufallen beginnen, wissen wir, daß die hintere Schläfenschlagader betroffen ist. Die folgenden Abbildungen zeigen Ihnen, wie man dieses Blutgefäß und die vordere Schläfenschlagader massiert.

Bevor Sie mit der Selbstbehandlung anfangen – so einfach sie auch ist –, untersuchen Sie sorgfältig den Verlauf Ihrer Schläfenschlagadern. Sie verlaufen unmittelbar vor den Ohren und ganz nahe an der Hautoberfläche. Sie können sie mit den Fingerspitzen sehr leicht ertasten.

Benutzen Sie Ihre Fingerspitzen, und drücken Sie fest und gleichmäßig, aber sanft zu. Folgen Sie immer dem Verlauf der Blutgefäße, und machen Sie nie kreisförmige Bewegungen. Vermeiden Sie es, die Adern kreuz und quer zu reiben.

Beachten Sie: Wenn Sie einen Hut tragen, der auf die Schläfenschlagadern drückt, machen Sie die Wirkung dieser Behandlung zunichte.

Während der ersten drei Monate empfiehlt es sich, diese Behandlung zweimal täglich anzuwenden, nach dem Aufstehen und vor dem Zubettgehen. Die folgenden Seiten zeigen Ihnen die Einzelheiten.

## Beginn der Behandlung

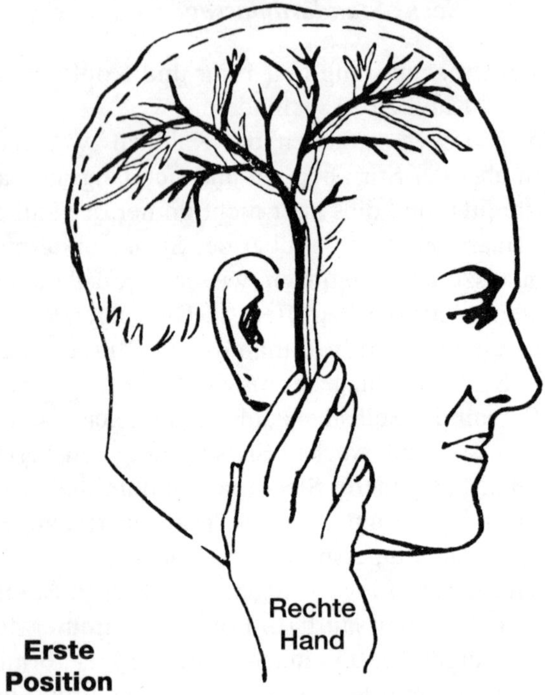


*Legen Sie die Spitzen der ersten drei Finger Ihrer rechten Hand mit der Innenseite sanft, aber fest auf die Schläfenarterie und auf die Schläfenvene an der rechten Seite Ihres Kopfes, und zwar auf einer Linie mit der Spitze des rechten Ohrläppchens. (Die Abbildung oben zeigt die richtige Position.)*

*Nun lassen Sie die Finger unter leichtem Druck aufwärts gleiten, bis zu einem Punkt etwa 2 bis 3 Zentimeter über dem Ohr (oder etwas unterhalb der Stelle, wo Ihr Hut den Kopf berührt).*

*Diese Bewegung drückt das Blut durch die Schläfenarterie nach oben zur Kopfhaut.*

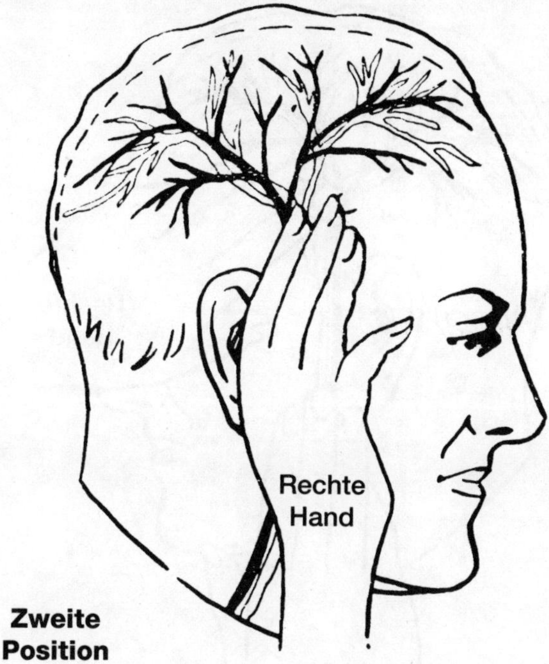


*Dann …*

*bleiben Sie mit der Hand in dieser Stellung und halten die Finger so, daß sie das Blut am Zurückfließen hindern (vgl. die Abbildung oben).*

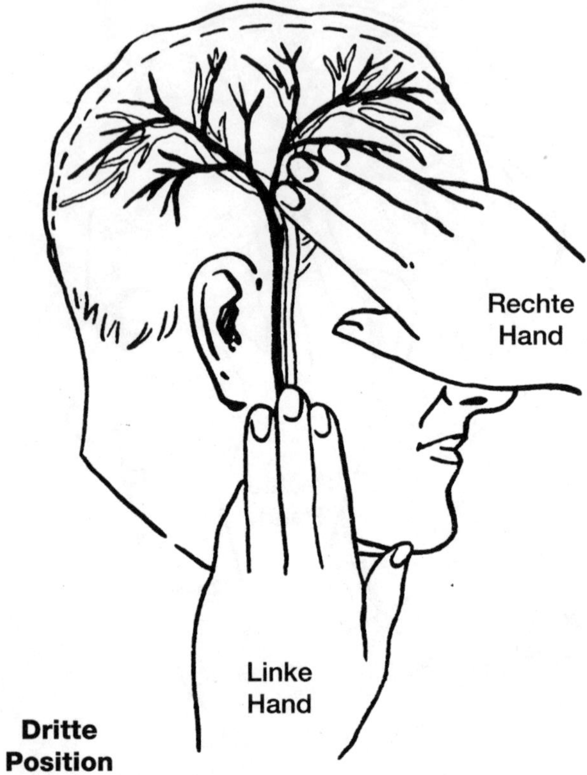


*Jetzt …*

*bleibt die rechte Hand noch in dieser Stellung, während Sie mit der Innenseite der ersten drei Finger Ihrer linken Hand nach oben streichen, bis Sie die Fingerspitzen der rechten Hand berühren. Dabei drücken Sie das Blut sanft nach oben, wie Sie es mit der rechten Hand getan haben. (Die Abbildung oben zeigt Ihnen, wie es gemacht wird.)*

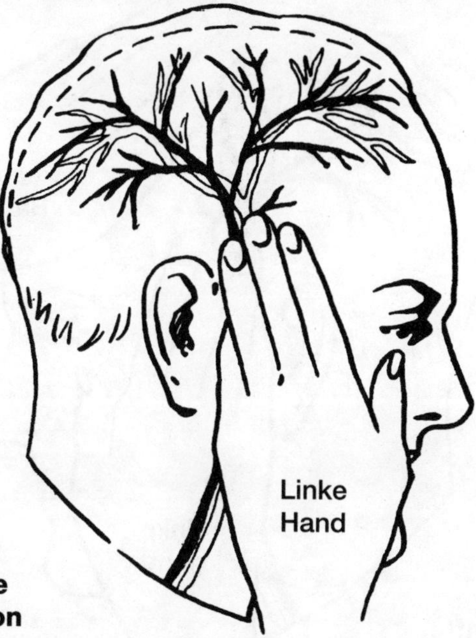


**Vierte Position**

*Jetzt …*

*nehmen Sie die rechte Hand oben weg, behalten aber die Position der linken Hand bei (siehe Abbildung) und wiederholen dann die Druckbewegung mit der rechten Hand von unten nach oben. Dann nehmen Sie die linke Hand weg, lassen aber die rechte Hand oben an der »Druckstelle«. Wiederholen Sie diese Bewegungen, wobei Sie stets unten zu drücken beginnen, bevor Sie oben aufhören zu drücken.*

*Jetzt …*

*wiederholen Sie die oben beschriebenen Bewegungen mehrmals. Dann streichen Sie mit der linken Hand zum letzten Mal nach oben und lassen sie in der oberen Position liegen. Nun hält die linke Hand das Blut in der Kopfhaut fest (wie Abbildung 4 zeigt) und drückt genau unterhalb des Hutansatzes auf die Schläfenadern.*

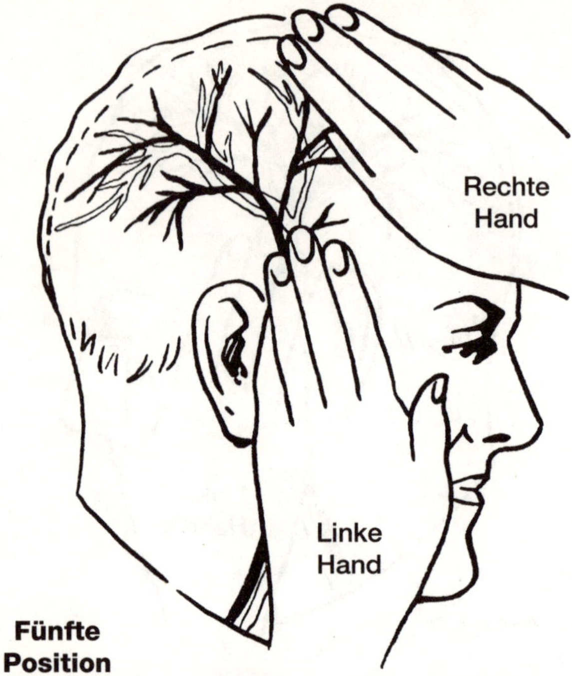


*Jetzt (die ist am wichtigsten) ……*

*lassen Sie die linke Hand in der oben (Abbildung 4) beschriebenen Stellung. Legen Sie die Innenseiten derselben drei Fingerspitzen der rechten Hand auf einen Punkt, der sich zwischen der Mitte des Schädeldaches und den linken Fingern befindet. Die Abbildung oben zeigt Ihnen die richtige Stellung.*

*Dann beginnen Sie oben zu drücken und bewegen die Finger der rechten Hand abwärts über den Schädel, bis sich die Finger beider Hände berühren.*

*Dann …*

*wiederholen Sie diese Bewegungen genau, wobei Sie nunmehr mit der linken Hand an der linken Schläfe beginnen.*

## Haartransplantationen

Die Chirurgie hat große Fortschritte gemacht. Die Technik, die hier von besonderem Interesse ist, wurde von *Dr. Norman Orentreich* entwickelt, einem Dermatologen in der klinischen Forschung, der wachsende Haare vom Hinterkopf entnimmt und sie auf kahle Stellen transplantiert.

Kürzlich hörte ich, wie ein bekannter Fernsehkommentator seine große Zufriedenheit mit den Ergebnissen dieser Transplantation ausdrückte. Es war geradezu erstaunlich, was die Operation bei diesem Mann bewirkt hatte. Ihm wuchsen jetzt Haare, wo früher nur eine kahle Stelle war.

Es wird berichtet, daß Tausende von Männern von diesem Transplantationsverfahren profitiert haben und daß die Technik sich zu einer einfachen ambulanten Prozedur entwickelt hat.

## Toupets

In der heutigen Welt werden wir von anderen weitgehend nach unserer äußeren Erscheinung beurteilt. Die meisten Menschen schauen uns an und schätzen uns danach ein.

Wer im Showbusiness arbeitet, weiß das. Und viele, viele Bühnen-, Fernseh- und Nachtclubstars tragen Perücken oder speziell angefertigte Haarteile, um kahle Stellen zu verbergen.

Wir sagen eindeutig: Wenn das Tragen dieser Haarteile oder Toupets Ihr Aussehen verbessert und wenn Sie sich damit jünger und selbstsicherer fühlen – dann gehen Sie zu einem guten Haarspezialisten und lassen Sie ihn genau das anfertigen, was Sie haben möchten. Wenn es Ihr Selbstbewußtsein hebt, dann tun Sie es.

## Graue Haare

Wenn sich graue Haare zu zeigen beginnen, möchte niemand sie haben. Wenn eine Frau in den Spiegel über ihrer Frisierkommode blickt und in ihrem braunen Haar ein graues Exemplar entdeckt, seufzt sie tief und ist entsetzt. Ihr erstes graues Haar! Sofort wird ihr die scheinbare Tragödie des Alterns bewußt. Sie sieht ihre Reize schwinden. Wenn ein Mann sich rasiert und ein paar weiße Haare an seiner Schläfe bemerkt, erstarrt ihm der Rasierapparat in der Hand. Bestürzt untersucht er sein Haar. Dies bedeutet »Würde« – aber das Ende von Spaß und Freude! Gleichgültig, wie philosophisch man mit der Zeit reagiert – die ersten Gedanken – sind mit Sorge und Selbstmitleid erfüllt.

Wenn die Damen und Herren, die über ihrem Unglück brüten, zufällig die Anzeige eines »Mittels gegen graue Haare« lesen, fallen sie leicht auf Anpreisungen herein wie: *»Warum unansehnliche graue Haare haben?»*

Ja, warum eigentlich? Oder sind graue Haare gar nicht unansehnlich? Können sie, wenn man auf Experimente verzichtet, vielleicht sogar schön aussehen? Das Wort »unansehnlich« als Bezeichnung für graue Haare ist möglicherweise ein Hirngespenst der Hersteller von Haarfärbemitteln. Der menschlichen Angst vor dem Alter und der Nostalgie des Altwerdens fügen sie noch die Furcht vor häßlichem Aussehen hinzu.

Sofern Männer und Frauen nicht einen Beruf haben, in dem die Haarfarbe aus Karrieregründen unverändert bleiben muß, und sofern ihr täglicher Broterwerb nicht davon abhängt, daß sie ihre Arbeitgeber über ihr wahres Alter täuschen, gibt es keinen Grund, die Scharlatanerie des Haarefärbens aus Ängstlichkeit zu unterstützen. Es ist fraglich, was unansehnlicher ist – ein Mensch mit grauen

Haaren oder einer mit schlecht gefärbten Haaren, der Hautkrankheiten oder innere Störungen riskiert, weil die verwendeten Präparate Metalle oder Anilin enthalten. *La Rochefoucaulds* scharfzüngige Bemerkung paßt nirgendwo besser als hier:

*»An einer gewöhnlichen List erkennt man einen gewöhnlichen Geist; und wer sie anwendet, um sich in einer bestimmten Hinsicht zu verstecken, entlarvt sich fast immer in einer anderen Hinsicht.«*

Die Produzenten von Haarfärbemitteln unterziehen Menschen, die zu ergrauen beginnen oder bereits graue Haare haben, mit größtem Erfolg einer Gehirnwäsche. Am Fernsehbildschirm können Sie dies mitverfolgen – vor allem Frauen werden dort angesprochen.

Kürzlich wurde im Fernsehen der folgende Werbespot gesendet: Eine Frau, deren Haare zu ergrauen begannen, saß niedergeschlagen in einer Ecke ihres Wohnzimmers. Im selben Zimmer las ihr Ehemann (mit grauen Haaren) die Zeitung und kümmerte sich nicht im geringsten um seine Frau. Dann konnte man ihre Gedanken hören:

*»Er liebt mich nicht mehr. Er fühlt sich nicht mehr von mir angezogen, weil ich mit diesen häßlichen grauen Haaren zu alt aussehe.«* Sie nimmt eine Zeitschrift zur Hand und liest eine Anzeige, die ihr erklärt, daß Haarefärben das Leben einer Frau schlagartig verändern könne. Die Jahre ließen sich zurückdrehen, und ihr lieber Gatte werde sie wieder so sehen wie vor der Heirat. Also eilt die »kleine Frau« hinaus und kauft ein wunderbares Haarfärbemittel.

Nun winkt jemand mit dem Zauberstab … und der Ehemann liest nicht mehr die Zeitung, sondern schenkt all seine Aufmerksamkeit seiner Frau. Man sieht ihn Blumen und Geschenke bringen und sie zum Tanzen ausführen.

Was für ein Unsinn! Als ob die Haarfarbe die Gefühle eines Mannes und einer Frau ändern könnte. Wahre Liebe läßt sich nicht durch ein Haarfärbemittel erkaufen.

Wir hätten gern eine Lösung für das Problem der grauen Haare. Vor mehreren Jahren verkündete *Dr. Alice Morgan* von der kalifornischen Universität in Berkeley der Welt, sie sei in der Lage, den grauen Haaren alternder Nerze ihre urspüngliche dunkle Farbe zurückzugeben, indem sie ihnen B-Vitamine in hohen Dosen verabreiche. Sie behauptete nicht, dies gelinge auch bei Menschen. Dennoch begannen Tausende von Grauhaarigen B-Komplex-Vitamine einzunehmen. Ab und zu findet man auch jemanden, der sagt, diese Behandlung habe seinen grauen Haaren wieder die natürliche Farbe zurückgegeben.

Unserer Meinung nach haben graue Haare nichts mit »Altwerden« zu tun. Denn Sie werden nicht alt. Es gibt keine Zelle in Ihrem Körper, die älter als elf Monate ist. Was sollte also alt werden? Der menschliche Körper kann degenerieren, aber die Jahre machen Sie nicht auf diese Weise alt. Es gibt viele Sechzig- und Siebzigjährige, bei denen eine körperliche Untersuchung erweist, daß sie biologisch nur halb so alt sind, wie es ihrem kalendarischen Alter entspricht. Und ein Dreißigjähriger kann sehr wohl einen Körper haben, der biologisch viel älter ist. Jeden Tag können sie vorzeitig gealterte Menschen sehen … und alte Menschen, die jung bleiben.

Schlagen Sie es sich also aus dem Kopf, daß Geburtstage Sie alt und grau machen. Altwerden ist nicht giftig. Ihre Ernährungsweise und die Pflege, die Sie Ihrem Körper zuteil werden lassen, können Sie allerdings vorzeitig alt machen.

Sie müssen daran denken, *daß Wandel das Dauerhafteste im Leben ist.* In jeder Sekunde Ihres Lebens befindet sich Ihr Körper in ständigem Wandel aufgrund endloser chemischer Vorgänge. Von dem Augenblick an, wo Sie auf die Welt kommen, spielen sich Veränderungen in Ihrem Körper ab.

Graue Haare erscheinen allmählich. Sie sind ein Zeichen der Reife. Im allgemeinen zeigen sie sich zuerst an den Schläfen und verbreiten sich dann über den ganzen Kopf.

## Die natürliche Haarfarbe

Die Haarfarbe hängt von der Mittelschicht (dem Kortex) der Haare ab, die aus Zellen besteht, die eine fettige Flüssigkeit mit winzigen Pigmentkörnchen und manchmal auch Luftbläschen enthalten. Die Haarfarbe richtet sich nach der Farbe der Pigmentkörner und der genaue Farbton nach der Menge dieser Körnchen in der Flüssigkeit. Eine Vielzahl von Körnchen ergibt einen dunklen Farbton. Wenn die Zahl der Pigmentkörnchen gering ist, haben die Haare eine hellere Tönung. Auch Luftbläschen wirken aufhellend.

Nach Auffassung von Forschern, die dem Studium der Haarpigmentierung sehr viel Zeit gewidmet haben, gibt es nur zwei Hauptfarben bei den Pigmentkörnchen – rötlich-gelb und sepiabraun –, deren Kombination und Dichte alle Farbschattierungen hervorrufen, die wir sehen. Wenn die rötlich-gelben Körnchen in der Kortexflüssigkeit dicht und die Luftbläschen selten sind, ist die Haarfarbe ein kräftiges Rot. Wenn sepiabraune Pigmente vorhanden, aber mit Luftbläschen durchmischt sind, wird das Haar hellblond. Bei stärkerer Pigmentierung ist das Haar dunkelbraun bis schwarz. Die beiden Pigmentarten können durch Kombinationen eine Vielfalt von Farbschattierungen hervorbringen.

Ein interessantes Ergebnis unserer Forschungen war die Schlußfolgerung, daß es kein »pechschwarzes« Haar gibt. Im Haar von Chinesen, Japanern, Indianern oder Schwarzen wurde kein schwarzes Pigment gefunden. In jedem Fall handelte sich um eine dichte sepiabraune Pigmentierung, die das scheinbare Schwarz hervorrief.

Überall auf der lockeren Struktur der Kortexschicht verteilt befinden sich Zellen, die Luft und Fett aus den Talgdrüsen speichern. Dieses Fett trägt dazu bei, daß das Pigment aufgeschwemmt bleibt, und verhindert das Austrocknen oder Verdunsten der Farbflüssigkeit.

Aus unbekannten Gründen verlangsamen sich im Laufe der Zeit die Körperfunktionen, die die ölige Flüssigkeit mit dem Haarfarbstoff produzieren, oder sie hören ganz auf. Die Flüssigkeit beginnt zu trocknen, und allmählich verschwinden die Pigmentkörnchen und werden durch Luftbläschen ersetzt, die als winzige weiße oder weißlich-gelbe Flecken entlang des Haarschaftes zu erkennen sind. Unter dem Mikroskop sieht dieses Haar gefleckt aus, für das bloße Auge jedoch grau. Wenn alles Pigment verschwunden ist und die Luftbläschen noch zahlreicher sind, wird das Haar weiß.

Wir haben auf unseren Reisen durch die Welt Tausende von jungen Männern und Frauen getroffen – und darunter waren vierzehnjährige Jungen und Mädchen –, deren Haare grau zu werden begannen. Andererseits sind wir Menschen begegnet, die ohne ein graues Haar auf dem Kopf ein Alter von neunzig Jahren erreichten. Als wir Vorträge in Neuseeland hielten, trafen wir zum Beispiel einen Herrn in den frühen neunziger Jahren, der volle, kräftige, schöne Haare von natürlicher Farbe hatte. Als wir in London waren, trafen wir eine 92jährige Dame, deren schöne Haare keine Spur von grauer Farbe aufwies.

Dagegen trafen wir einige Beispiele junger Männlichkeit und Weiblichkeit, die grau wurden oder bereits völlig grau waren. Soviel wir heute wissen, gibt es keine Antwort darauf, warum manche Menschen ihr Pigment im Haar so viel früher als andere verlieren.

Ich bemerkte das erste graue Haar, das sich an meinen Schläfen eingeschlichen hatte, in meinen späten Fünfzigern. Da ich wußte, daß der Wandel das Dauerhafteste im Leben ist, hieß ich meine »neue Farbe« willkommen. Meiner Ansicht nach macht graues Haar die Züge eines reifenden Menschen sogar reicher.

Diese grauen Haare haben meine körperlichen oder geistigen Aktivitäten in keiner Weise verringert. Ich betrachte graue Haare nicht als Zeichen des Alters, und ich halte es auch nicht für häßlich oder unansehlich.

Viele meiner Freunde haben Angst vor grauen Haaren, darum verwenden sie alle möglichen Färbemittel, um es zu verbergen. Ich streite mich nicht mit den Menschen, die ihre Haare färben möchten. Dies ist eine persönliche Entscheidung und Sache jedes einzelnen. Ich wohne in Hollywood, Kalifornien, und ich bin Ernährungs- und Gesundheitsberater einer der höchstbezahlten und erfolgreichsten Film- und Fernsehstars der letzten 50 Jahre. Viele von ihnen werden durch graue Haare in Panik versetzt, und daher beeilen sie sich, sie färben zu lassen. Nicht nur Schauspieler, sondern auch Männer und Frauen in anderen Lebensbereichen können sich nicht mit grauen Haaren abfinden und lassen sie färben. Ich sage: In Ordnung – wenn sie sich danach jünger fühlen und wenn sie jünger aussehen, bin ich dafür.

## Denken Sie nach, bevor Sie Ihre Haare färben

Vergessen Sie nicht: Wenn Sie Ihre Haare färben, gehen Sie ein kalkuliertes Risiko ein. Für mich steht die Untauglichkeit von Haarfärbemitteln schon fest, bevor sie angewandt werden. Um wirksam zu sein, muß die Farbe zwischen die Schuppen der Haaroberfläche eindringen und den Kortex des Haares zu färben. Die Anwendung von Haarfärbemitteln muß sorgfältig überwacht werden, denn eine geringfügige Überdosis kann nicht nur die ölige Flüssigkeit im Haar, sondern das ganze Haar zerstören.

Am gefährlichsten – weil weniger offensichtlich – sind die Schäden, die der Gesundheit durch giftige Substanzen zugefügt werden können, welche die Haut absorbiert.

Dermatologen werden ständig mit Vergiftungsfällen durch Färbemittel auf metallischer Basis konfrontiert. Diese Färbemittel enthalten gewöhnlich chemische Lösungen von Metallen sie Silber, Quecksilber, Zinn, Blei, Wismut usw. Unserer Meinung nach sind diese giftig. Die schädlichen Auswirkungen können sich kurz nach der Anwendung zeigen, oder – wenn die Gifte langsamer absorbiert werden – treten einige Zeit zunächst keine Vergiftungssymptome auf. Dies hängt von der individuellen Anfälligkeit ab. Manchmal zeigen sich jahrelang keine schädlichen Folgen außer übermäßiger Trockenheit des Haares.

Unserer Meinung nach ist es viel besser, der Natur ihren Lauf zu lassen und auf das Färben der Haare zu verzichten, sofern es dafür – zum Beispiel bei Schauspielern, Lehrern oder Geschäftsleuten – nicht gute soziale oder geschäftliche Gründe gibt. Das Haarefärben zu Hause ist selten erfolgreich, auch wenn die Hersteller von Färbemitteln es als noch so einfach hinstellen. Wenn Sie Ihre Haare unbedingt färben wollen, lassen Sie es einen Fachmann tun, damit auch das kritischste Auge nichts von der Farbe merkt.

Das Haarefärben ist ein hochspezialisierter Zweig der Schönheitspflege, wie jede Schminkabteilung in den Film- und Fernsehstudios weiß. Wie bereits bemerkt, läßt es sich zu Hause nur selten in zufriedenstellender Weise durchführen, auch wenn die Hersteller der Färbemittel etwas anderes behaupten. Selbst wenn man die besten Färbemittel verwendet, ist es schwierig, Gesundheitsstörungen zu vermeiden. Man muß sowohl die Porosität der Haare als auch die Art des Färbemittels berücksichtigen. Manche Haare weigern sich gänzlich, Farbstoffe »anzunehmen«, während die Farbe bei anderen Haaren grelle und häßliche Schattierungen hervorruft. Sehen Sie sich um, und beobachten Sie die schrecklichen grellen Farben der meisten gefärbten Haare.

Wenn Sie Ihre Haare selbst färben, ist es am vernünftigsten, zuerst einen Test zu machen. Wenden Sie das Färbemittel (entsprechend der beiliegenden Gebrauchsanleitung) an einer kleinen Strähne von weiter unten liegendem Haar an, und zwar von den Wurzeln bis zum Ende. Lassen Sie es einwirken, solange es notwendig ist, dann waschen und trocknen Sie die gefärbte Strähne. Wenn Sie zufrieden sind, können Sie das ganze Haar färben.

*Auf keinen Fall sollte man bei einer Erkrankung der Kopfhaut färben,* z.B. bei Ausschlägen, bei Psoriasis, bei Ekzemen usw. Um sicher zu sein, daß Ihre Haut von der Farbe nicht geschädigt wird, waschen Sie eine Hautstelle hinter dem Ohr, und tragen Sie mit Watte etwas Farbe auf. Lassen Sie die Farbe einen Tag lang einwirken, dann entfernen Sie sie mit Seife und Wasser; wenn sie »widerspenstig« ist, nehmen Sie Peroxid oder Öl. Wenn die Haut nicht entzündet ist, besteht wahrscheinlich keine Gefahr.

*Tragen Sie nie Färbemittel verschiedener Marken auf.* Brechende Haare oder extreme Farben können die Folge sein.

Nach unserer Meinung können alle Färbemittel die Haare trocken und brüchig machen. Dieser Zustand verschlimmert sich noch, wenn man unter Hitzeeinwirkung Dauerwellen oder Locken in das Haar macht. Die Produzenten von Färbemitteln sparen nicht mit wortgewandten Zusicherungen. Sie behaupten, die Haare können nach der Anwendung ihrer Produkte ohne Bedenken gewellt oder gelockt werden. Aber gefärbte Haare sind nie immun gegen die Auswirkungen der verschiedenen Hitzebehandlungen, die beim Legen von Dauerwellen allgemein üblich sind.

Dies sind keine übertriebenen Warnungen, vielmehr handelt es sich um einfache Tatsachen, die der Öffentlichkeit im Interesse der Werbung für bestimmte Produkte durch eine Flut gedruckter Fehlinformationen vorenthalten werden.

Ärzte wissen, wie verbreitet die Klagen über graues Haar sind. Sie verstehen, warum Männer und Frauen gezwungen sein können, jung zu erscheinen. Wie so oft bei Präparaten, die auf den Körper einwirken, gilt auch hier, daß eine gute ärztliche Beratung *vor der Anwendung* die Menschen vor Schaden bewahren kann, die ihre Haare unbedingt färben müssen. Es ist sehr zu empfehlen, ärztlichen Rat zu suchen (und graues Haar soll ja ein Zeichen von Weisheit sein). Wenn der zweifelhafte Reiz gefärbter oder gebleichter Haare zu verführerisch für Sie ist, denken Sie daran, daß Sie ein kalkuliertes Risiko eingehen.

## Ein trauriges Erlebnis beim Haarefärben

Frank war ein stattlicher Mann und ein Sportkamerad im Los-Angeles-Sportclub, mit dem ich zusammen viele Handballwettkämpfe bestritt. Er besaß ein Geschäft für Damenschuhe und hatte die beste Kundschaft der Stadt. Die feine Gesellschaft, reiche Damen und Filmstars zählten alle zu den Käufern seiner modischen Schuhe.

Als Frank Anfang vierzig war, tauchten die ersten grauen Haare an seinen Schläfen auf und lösten bei meinem Freund eine Panik aus. Eine dunkle Wolke schwebte über seinem Haupt. Als sein Freund versuchte ich, ihn zu beruhigen. Aber ich war den Anpreisungen der Hersteller von Färbemitteln nicht gewachsen, die behaupteten, graue Haare machten alt und seien häßlich, mit grauen Haaren habe man »seinen Gipfel überschritten« und das Leben gehe an einem vorüber.

Mein gutaussehender Freund hatte ein lebhafte Vorstellungskraft und glaubte, seine grauen Haare würden die Kunden seines Schuhgeschäftes vertreiben. Vergeblich versuchte ich ihm zu erklären, daß er mit den grauen Haaren an seinen Schläfen sogar besser und würdevoller aussah. Aber der arme Frank ließ sich durch die Propaganda davon überzeugen, daß seine grauen Haare das Ende seines Lebens bedeuteten.

Also ließ Frank seine Haare färben. Er ging in einen exklusiven Friseursalon für Männer in Hollywood, der auf Haarefärben spezialisiert war, und unterzog sich einer fachmännischen Behandlung. Er war wie ein Kind mit einem neuen Spielzeug. Jetzt hatten seine Haare wieder ihre »natürliche Farbe«! Jede Woche ging er vertrauensvoll in den Salon, um sich die Haare aufs neue färben zu lassen. Dies ging fünf Jahre lang so weiter. Je grauer Franks Haare wurden, desto mehr Farbe trug man auf.

In Franks Gesundheitszustand und in seinem Aussehen traten Veränderungen ein. Er begann sich körperlich schlecht zu fühlen. Nach einiger Zeit sagte er mir, er habe einfach nicht mehr die Kraft und die Energie, um mit mir Handball zu spielen. Seine Gesichtsfarbe wurde fahl und bleich. Seine Augen verloren ihren Glanz, und er sah nicht mehr so jungenhaft aus. Der Mangel an körperlicher Bewegung machte ihn bald schwammig und rundlich.

Die anderen erfuhren von seinen gefärbten Haaren. Wer behauptet, nur Frauen seien klatschsüchtig? Männer sind es nicht weniger. In den Umkleideräumen und Garderoben tuschelten die Sportskameraden: *»Wen glaubt Frank mit der Farbe auf seinem Haar hinters Licht führen zu können?«* Oder: *»Frank kann niemanden mit diesem gefärbten Haar zum Narren halten – nicht einmal sich selbst.«* Und es war tatsächlich deutlich zu sehen, daß Franks Haare gefärbt waren.

Fünf Jahre lang hatte Frank seine Haare jede Woche färben lassen. Er war langsam vergiftet worden, da das Gift im Färbemittel durch die Poren der Kopfhaut gedrungen war und sich allmählich über das Blut im ganzen Körper verbreitete.

Dieses angesammelte Gift führte eines Tages, als wir zu fünft im Sportclub zu Mittag aßen, zum Zusammenbruch. Frank saß mir am Tisch gegenüber, und ich konnte ihn eingehend beobachten. Als wir uns setzten, sah sein Gesicht bleich und grünlich-gelb aus, und ich bemerkte, daß er nicht mehr klar sehen konnte. Plötzlich fiel er vornüber auf den Tisch – völlig bewußtlos. Zum Glück war einer unserer Sportkameraden Arzt, und ich sagte ihm, was Frank meiner Meinung nach fehlte.

*»Paul«*, sagte er, *»ich weiß, daß du recht hast. Ich glaube, Frank hat sich im Laufe der Jahre langsam mit chemischen Färbemitteln vergiftet.«*

Frank wurde rasch ins Krankenhaus gebracht, und einige Wochen lang ging es ihm ziemlich schlecht. Der Arzt und ich sagten ihm, was wir dachten – daß all seine Probleme auf eine langwierige, langsame Vergiftung mit Haarfärbemitteln zurückzuführen seien.

Frank hörte auf, sich regelmäßig jede Woche die Haare färben zu lassen, und gewann langsam seine Gesundheit zurück. Es war ein langer, harter Kampf, aber sein guter

Freund, der Arzt, und ich als Ernährungsberater arbeiteten zusammen, um ihn wieder auf die Beine zu bringen. Franks Haare sind jetzt völlig grau. Aber vielen Menschen, darunter auch mir, erscheint er mit grauen Haaren attraktiver als mit seinen früheren braunen Haaren. Seine Geschäfte gehen gut, statt eines exklusiven Damenschuhgeschäftes hat er jetzt deren vier.

Wir möchten nochmals darauf hinweisen, daß der Wandel das Beständigste im Leben ist. Die Natur verwandelt die grünen Blätter des Sommers in die vielen schönen Farben des Herbstes. Und die Natur verwandelt unser natürlich gefärbtes Haar in graues Haar. Wenn dies geschieht, bedeutet es nicht, daß wir alt sind. Es bedeutet, daß ein Wandel im Gange ist. Warum dagegen ankämpfen? Gehen Sie mit der Natur!

Unsere Arbeit bringt es mit sich, daß wir viele Männer und Frauen kennen, deren Haare grau sind, und wir finden, die grauen Haare machen ihre Züge weicher. Die attraktivsten Männer und Frauen, die wir kennen – in Clubs, in der Welt des Showgeschäftes, in verschiedenen Berufen und in allen Lebensbereichen –, werden grau oder sind bereits grau. Wir kennen viele Filmregisseure, Schauspieler, Schauspielerinnen und Fernsehstars, die einfach stolz auf ihre grauen Haare sind.

Wenn ein Mann oder eine Frau glaubt, daß gefärbte Haare ihn oder sie jünger und attraktiver erscheinen lassen, dann haben wir nichts dagegen. Aber wir weisen nachdrücklich darauf hin, daß man vor dem Haarefärben einen Hautarzt konsultieren sollte. Lassen Sie diesen Hautspezialisten klären, welches Färbemittel für Ihre Haare und Ihre Kopfhaut geeignet ist. Er kann Ihnen wertvollen fachmännischen Rat geben, der Sie davor bewahren kann, die gleichen Erfahrungen wie mein Freund Frank zu machen.

## Einfache Regeln für die Haarpflege

Wir wollen nun das Haar- und Kopfhautpflegeprogramm nochmals zusammenfassen, das wir Ihnen in diesem Buch vorgestellt haben.

1. **Denken Sie daran: »Sie sind, was Sie essen.«** Das Haar und die Kopfhaut müssen genauso ernährt werden wie das Gehirn, das Herz und jede einzelne der Milliarden Zellen Ihres Körpers. Das Haar besteht aus einem Material, das dauerhafter ist als alle anderen Körpersubstanzen.
   Meiden Sie **Nahrungsmittel ohne Nährwert**. Solche Nahrungsmittel können zu Mangelzuständen führen und das Blut vergiften. Sowohl falsche Ernährung als auch Gifte sind Feinde von gesunden, dichten Haaren.
   **Salz** und salzhaltige Nahrungsmittel schaden sowohl Ihren Haaren als auch Ihrem Herzen, Ihren Arterien und Ihren Venen.
   **Tee**, **Kaffee**, Schokolade, Alkohol, Cola und Limonade sind wertlose Getränke. Sie enthalten giftige Substanzen wie Tanninsäure, Thein, Koffein und giftige Säuren. Sie tragen nichts zur Gesundheit Ihrer Haare und Ihres Körpers bei.
   **Eiweiß** ist wichtig für gute, gesunde Haare und eine gesunde Kopfhaut. Eiweiß ist enthalten in Nüssen, Samen – Sonnenblumenkerne, Kürbiskerne und anderen Kernen oder Samen, Avocados, Sojabohnen, braunem Reis, wildem Reis, Vollkornroggen, -hafer, -hirse und -weizen, aber auch in Lammfleisch, Geflügel, Käse, Rohmilch.
   Außer Eiweiß brauchen Ihre Haare **Kalzium**, **Jod**, organischen Schwefel und Silizium (Kieselsäure) in einer ausgewogenen, natürlichen Kost, die auch alle anderen lebenswichtigen Nährstoffe enthält.

2. **Gute Durchblutung ist lebenswichtig.** Ihre Haare und Ihre Kopfhaut müssen vom Blut ständig mit Nährstoffen und mit Sauerstoff versorgt werden. Auf den Wert der Massage haben wir bereits hingewiesen und Anleitungen gegeben.

3. **Das Haarebürsten** kann man kaum übertreiben. Sie sollten mindestens zweimal täglich bürsten.

4. Zweimal in der Woche sollten die Haare **gründlich gewaschen** werden; wenn es der Zustand der Kopfhaut erfordert, auch häufiger.

5. **Das beste Waschmittel** ist pH-neutrale Seife. Auch das Eiweiß eines Eies kann man dem Waschwasser hinzufügen.

6. **Empfehlungen für die Haarwäsche:** Nach zwei- bis dreimaligem Einschäumen sollten Sie die Haare zweimal gründlich mit warmem Wasser spülen und anschließend mit einer Kaltwasserspülung die Durchblutung anregen. Patricia wandelt die letzte Spülung manchmal ab, indem sie Apfelessig oder ein eiweißhaltiges Haarpflegemittel hinzufügt, es einige Minuten einwirken läßt und dann sorgfältig herausspült. Wenn Sie destilliertes Wasser oder Regenwasser haben, so ist dieses für die abschließende Spülung sehr gut geeignet, selbst nach einer Spülung mit Eiweiß.

7. **Kämme** sollen stumpfe, weiche Zähne haben.

8. **Bürsten** sollen harte Borsten von unterschiedlicher Länge haben, die ins Haar eindringen. Bürsten mit

weicheren Borsten kann man verwenden, um das Haar glänzend zu machen.

9. Wenn das Haar zu **Trockenheit** neigt, kann man das Eiweiß eines Eies ins erste Waschwasser mischen. Eine Stunde vor dem Waschen oder sogar am Abend zuvor kann man die Haare und die Kopfhaut mit Mandel-, Oliven-, Rizinus- oder Kokosöl einreiben.

10. Eine Wäsche mit **Meerwasser** tut den Haaren und der Kopfhaut sehr gut. Spülen Sie aber anschließend mit Süßwasser.

11. Gehen Sie **barhäuptig,** wann immer es möglich ist. Wind, Regen, Schnee und Sonnenschein regen Ihre Haare an. Sie »holen« sich keine Erkältung, wenn Sie Ihre Haare und die Kopfhaut dem Wetter aussetzen. Sie »holen« sich Erkältungen eher am Eßtisch. Eine Erkältung ist die Methode der Natur, den Köprer von Abfallstoffen zu befreien.

12. **Stellen Sie Ihre Eitelkeit nicht über Ihre Gesundheit.** Manche Frauen gehen in den Schönheitssalon, lassen sich die Frisur richten – und kümmern sich eine Woche lang oder noch länger nicht mehr um ihre Haare; sie bürsten es nicht einmal, weil dies der Frisur schaden würde. Dadurch kann die Kopfhaut und das Haar krank werden. Die Haare fallen allmählich aus und werden unfrisierbar. Man muß jeden Tag die Kopfhaut massieren und die Haare bürsten, damit sie gesund und schön bleiben.

13. **Verstopfen Sie nicht die Poren Ihrer Kopfhaut.** Viele Männer verstopfen die Poren mit Cremes und

Haarwässern – und wundern sich dann, warum sie ihre Haare verlieren. Die Poren müssen sauber und funktionstüchtig sein, wenn die Haare und die Kopfhaut gesund bleiben sollen.

14. **Nehmen Sie sich Zeit für die Entspannung.** Selbst wenn Sie nur zehn Minuten am Tag auf einem Schrägbrett liegen (oder flach auf dem Rücken mit angehobenen Beinen), werden die Muskeln gedehnt und die Haare und die Kopfhaut wieder besser mit Nährstoffen versorgt.

15. **Ausreichender und erholsamer Schlaf** ist notwendig, damit sich Ihr Körper nach den Aktivitäten des Tages reinigen und regenerieren kann. Schlafen Sie jede Nacht acht Stunden, damit Körper, Kopfhaut und Haare gesund bleiben.

16. Bevor Sie Ihre Haare **färben,** holen Sie den Rat eines Hautarztes ein. Er kann Sie vor Schaden bewahren.

**Zusammenfassung:**
**Essen Sie natürliche Nahrung. Massieren Sie die Schläfenadern. Waschen Sie Ihre Haare oft, und massieren Sie die Kopfhaut täglich. Sorgen Sie für genügend Entspannung und Schlaf. Sie werden stolz auf Ihr Haar sein können!**

## Zusätzliche Hinweise

**Legen der Haare:** Gleichgültig, ob Sie Ihre Haare selbst legen oder es vom Fachmann legen lassen – zuerst sollte es mit einem Handtuch nahezu trocken gerubbelt werden. Feucht-trockene Haare lassen sich ebensogut oder besser legen als nasse Haare und verkürzen den Prozeß beträchtlich. Wenn die Haare von Natur aus wellig oder lockig sind kann man sie leicht mit den Fingern so legen, daß die Frisur ansprechend aussieht. Wenn Ihre Haare glatt sind, oder wenn Sie der Meinung sind, sie brauchen mehr »Volumen«, um sich legen zu lassen, dann nehmen Sie einen milden, unschädlichen Festiger, der Lanolin enthält. Tragen Sie ihn sparsam auf die Partien auf, die Sie gewellt oder gelockt haben möchten. Weichen Sie Ihre Haare niemals mit Festiger ein, und tragen Sie die Flüssigkeit nicht direkt auf die Kopfhaut auf – sie möchten schließlich nur das Haar kräuseln! Wenn Sie Lockenwickler verwenden, dann keine aus Metall, da diese die Haare brüchig machen können.

**Haarsprays** sind nicht zu empfehlen. Wenn Sie glauben, zu bestimmten Anlässen einen Haarspray verwenden zu müssen, nehmen Sie den am wenigsten giftigen, den Sie finden können. Viele Geschäfte führen anti-allergene Marken, und es ist ratsam, diese zu probieren.

**Dauerwellen** – sowohl die fachmännisch gemachten als auch die Do-it-yourself-Varianten – schaden den Haaren, da in fast allen Präparaten, die dabei verwendet werden, scharfe Chemikalien enthalten sind. Es gibt aber auch neue »Eiweiß«-Präparate auf den Markt, die angeblich weniger schädlich sind als andere. Prüfen Sie kritisch, wenn sie unbedingt eine Dauerwelle haben möchten.

**Bleichen** strapaziert die Haare und schwächt sie. Verzichten Sie darauf!

**Nachschneiden** ist im allgemeinen nützlich für die Haare, vor allem wenn es dazu neigt, sich zu spalten. Patricia trägt ihre Haare lang und läßt es alle zwei bis drei Monate etwa 1 1/2 Zentimeter nachschneiden.

**Lange und kurze Haare für aktive Menschen:** Viele aktive Menschen – Frauen wie Männer, Kinder wie Erwachsene – bevorzugen kurze Haare, weil es problemlos täglich unter der Dusche gewaschen werden kann, rasch trocknet und im allgemeinen ein aktives Leben im Freien erleichtert. Aber viele Frauen und Mädchen lieben lange Haare und lieben Sport im Freien ebenso. Patricia, die volle, schöne, lange Haare hat, treibt alle Arten von Sport. Sie hält ihre Haare ordentlich und leicht frisierbar, indem sie es entweder als Pferdeschwanz oder in losen Flechten trägt – nicht nur während ihrer Aktivitäten im Freien, sondern auch bei der Hausarbeit. Sie benutzt nie Gummibänder im Haar, aber sie empfiehlt elastische Bänder, die Pferdeschwänze oder Flechten festhalten, ohne das Haar zu brechen. Um eine festliche, feminine Wirkung zu erzielen, kann man Schmuckbänder oder künstliche Blumen hinzufügen.

## Das »Hollywoodprogramm«

Film- und Fernsehstars und Entertainer in Nachtclubs müssen ihrem Publikum eine perfekte Erscheinung präsentieren. Ihre Haare müssen tadellos gepflegt sein. Diese Menschen wissen, wie wichtig gesunde, schöne Haare sind, und sie befolgen unsere Instruktionen peinlich genau.

Wie wir bereits erwähnt haben, werden Sie meist nach Ihrem Äußeren beurteilt. Wenn Ihre Haare wie ein Besen aussehen, können Sie dafür niemanden außer sich selbst verantwortlich machen. Sie müssen erkennen, daß Sie niemals etwas für nichts bekommen. Wenn Sie schöne, volle, gesunde Haare haben möchten, müssen Sie etwas dafür tun. Auch die Stars des Showbusiness tun etwas dafür.

Wir zeigen Ihnen, was sie tun. Wir stellen Ihnen dasselbe Haarpflegeprogramm vor, das wir für die höchstbezahlten Filmstars entwickelt haben.

Ihre Haare und Ihre Kopfhaut gedeihen, wenn Sie Sauerstoff bekommen. Doch neun von zehn Menschen geben ihrem Körper nicht genug Sauerstoff. Ihr Körper hungert nach Sauerstoff, einfach deswegen, weil sie zuwenig körperliche Bewegung haben oder nicht tief genug atmen.

Sauerstoff bewirkt folgendes:

1. Er **reinigt** und durchtränkt das Blut.
2. Er unterstützt die **Verdauung** und die **Ausscheidung.**
3. Er **stärkt** den ganzen Organismus.
4. Er baut **Widerstandskräfte** gegen Krankheiten auf.
5. Er **stärkt die Haare** und macht Kopfhaut, Knochen, Sehnen und Muskeln gesund.

Viele Hollywoodstars – Männer und Frauen – haben glänzende, gesunde Haare, weil sie das Pflegeprogramm befolgen, das wir ihnen empfehlen. Sie gehen barhäuptig in die Luft und in die Sonne und verschaffen ihrem Körper die notwendige natürliche Bewegung und gleichzeitig lüften sie Haare und Kopfhaut durch.

Außerdem machen sie täglich Atemübungen und massieren die Kopfhaut. Denken Sie daran. Atmen heißt Lebenskraft aufnehmen. Der Sauerstoff in der Luft, die wir einatmen, ist Energie – Energie, die uns beim Aufbau eines gesundes Körpers, einer gesunden Kopfhaut und dichter, schöner Haare unterstützt.

Sie können tiefes Atmen und Kopfhautmassage miteinander verbinden und dadurch eine bessere Gesundheit und schönere Haare bekommen.

Gehen Sie, wenn möglich, viel ins Freie hinaus. Wenn das Wetter dies nicht erlaubt, öffnen Sie die Fenster, und stellen Sie sich in die Mitte des Zimmers, wo sich keine Möbel befinden. Sorgen Sie für eine ständige Zufuhr von frischer Luft im Raum.

Jetzt atmen Sie voll und tief die frische Luft ein und halten den Atem an, während Sie sich mit gebeugten Knien in der Hüfte nach vorn beugen. Der Kopf sollte sich dem Boden so weit wie möglich nähern. Sie werden spüren, wie ein Strom sauerstoffreichen Blutes in die Haare und in die Kopfhaut fließt.

In derselben Stellung legen Sie die Finger unten an die Seite des Halses und drücken das Blut in der Schläfenarterie sanft nach oben, wie die Abbildungen auf Seite 100 bis 104 es zeigen. Wenn die Finger an den Ohren angelangt sind, lockern Sie den Fingerdruck und schieben die Handflächen von den Augenbrauen nach oben über die Stirn. Halten Sie das Blut, das Sie auf diese Weise zum Stillstand gebracht haben, eine Sekunde lang an.

Dann nehmen Sie die Hände weg und atmen wieder, während Sie sich aufrichten. Tun Sie dies langsam, nicht abrupt. Wiederholen Sie diese Übung fünf- bis zehnmal.

*(Anmerkung: Wir verwenden den Ausdruck »nach oben schieben«, obwohl Ihr Kopf nach unten hängt. Gemeint ist: »in Richtung Schädeldach«. Das Blut »nach unten drücken oder schieben« würde bedeuten: nach hinten in Richtung Nacken, weg von der Kopfhaut – und dies sollten Sie niemals tun.)*

Wenn sich Ihre Kopfhaut gelockert hat, können Sie die Tiefatmungs- und Massageeübung bis zu dreimal wiederholen. Aber steigern Sie sich langsam. Überanstrengen Sie sich nicht.

Viele Leser haben ihre Kopfhaut noch nicht in der Weise massiert, die nach unserer Erfahrung am wirksamsten ist. Und wenn Sie so sind wie die meisten Menschen, glauben Sie wahrscheinlich, wenn ein wenig Massage gut ist, dann ist mehr Massage noch besser. Dies trifft jedoch nicht zu, wenn Sie mit der Kopfhautmassage beginnen. Sie dürfen nicht übertreiben und müssen sich allmählich steigern.

Sie sollten sich darüber im klaren sein, daß viele Menschen zu Beginn dieses Programms eine Kopfhaut haben, die gespannt ist wie ein Trommelfell. Zu kräftige Massage in diesem Stadium kann Schaden anrichten. Verhalten Sie sich daher nicht wie ein Freund von uns, der unsere Anweisungen nicht befolgte. Er massierte seine Kopfhaut zu intensiv, bevor sie genügend locker war, und riß sich die Kopfhaut auf. Es dauerte viele Wochen, bis die Wunden geheilt waren, und so lange konnte er dieses Programm für gesunde Haare und eine gesunde Kopfhaut nicht weiter befolgen.

Wenn Sie feststellen wollen, wie straff Ihre Kopfhaut ist, legen Sie die Innenflächen der Hände an die Seiten des Kopfes, etwa an die Hutlinie, verschränken die Finger über der Kopfhaut, und drücken die Hände sanft nach oben. Wahrscheinlich hören sie dann Schnappgeräusche, während die Kopfhaut sich lockert.

Wenn Sie mit diesem Programm beginnen, ist der »Haarboden« auf Ihrem Kopf wahrscheinlich ziemlich dünn, und Sie müssen sich dementsprechend verhalten. Zu kräftiges Massieren und Ziehen kann zu diesem Zeitpunkt das Ausfallen der schwächeren Haare bewirken.

Haare müssen fest in einem dichten, lockeren, nährstoffreichen Haarboden verankert sein und durch gesundes Blut ernährt werden. Bei vielen Menschen wachsen die Haare so wirr auf einer »Trommelfellkopfhaut«, daß sie darauf achten müssen, die Kopfhaut zu lockern und den Haarboden mit Nährstoffen zu versorgen, ebenso wie man es mit der Erde tut, wenn man einen Garten anlegt.

Erinnern Sie sich an das Gleichnis vom Sämann in der Bibel (Matthäus 13). Ein Teil des Samens fiel auf den Weg, und die Vögel fraßen ihn, einige Samenkörner fielen auf steinige Erde und verdorrten in der Sonne. Andere Körner fielen unter Dornen und Unkraut und erstickten. Aber ein Teil des Samen fiel auf guten Boden und brachte eine Ernte – teils dreißigfach, teils sechzigfach und zum Teil hundertfach. Diese Samenkörner wuchsen deshalb so gut, weil der Boden nährstoffreich, tief und fruchtbar war.

Will dieses Gleichnis Sie nicht lehren, daß ein tiefer, fruchtbarer Haarboden auf Ihrem Kopf, der von gesundem Blut ernährt wird, ähnliche Erträge bringen kann wie die Samenkörner, die in gutem Boden wuchsen?

Zusätzlich zu der Tiefatmungs- und Massageübung wenden viele Persönlichkeiten aus Hollywood, die uns konsultieren, noch sechs Standardmassagen an, die in diesem Buch beschrieben werden (siehe Seite 66 bis 70).

Bevor Sie jedoch mit dieser intensiven Massage beginnen, sollten Sie Ihre Haare und Ihre Kopfhaut darauf vorbereiten.

Drücken Sie mit den Händen fest auf die Kopfhaut, und bewegen Sie sie kreisförmig vor und zurück, nach oben und nach unten, bis jede Stelle der Kopfhaut weich und nachgiebig ist und sich frei bewegen läßt. Als Hilfsmittel zum Weichmachen und Lockern können Sie ein gutes Öl verwenden, z.B. Rizinus- oder Olivenöl.

Wenn sich Ihre Kopfhaut lockert, massieren Sie sie nach und nach kräftiger, um das Haarwachstum weiter anzuregen. Die ganze Kopfhaut sollte bearbeitet werden. Auch Kneifen und Kneten ist nützlich.

Sanftes, aber festes Ziehen am Haar macht es kräftiger und regt das Wachstum an. Fahren Sie mit geschlossenen Fingern durch jede Strähne Ihrer Haare, um ein gleichmäßiges Ziehen überall auf der Kopfhaut zu gewährleisten.

Denken Sie daran: Sie können keine gesunden Haare und keine gesunde Kopfhaut haben, wenn die Kopfhaut zu straff ist. Ihre Kopfhaut wird zunächst empfindlich reagieren und ein wenig schmerzen. Es ist wie beim ersten Muskeltraining. Aber das geht vorüber, und bald können Sie Haar und Kopfhaut intensiver behandeln. Sie werden dann die Kraft der Hände und Finger auf den Haaren und auf der Kopfhaut anwenden können.

Wir empfehlen außerdem, ein kleines, rundes Massagegerät aus Plastik zu verwenden. Seine Plastikzähne helfen Ihnen, Schuppen, Fett und andere überflüssige Substanzen zu beseitigen.

Ihre Haare und Ihre Kopfhaut sind sowohl für Ihr Wohlbefinden als auch für Ihr Erscheinungsbild von Bedeutung. Lassen Sie sich daher durch nichts von der täglichen Pflege abhalten. Zu beschäftigt zu sein, ist keine gute Ausrede. Einige der beschäftigsten Menschen der Welt haben jeden Tag Zeit für dieses Haarpflegeprogramm.

Nirgendwo sind die beruflichen Anforderungen höher als im Showgeschäft. Und doch befolgen Schauspieler, Regisseure und andere Film-, Fernseh- und Nachtclubgrößen treu und brav das Haarpflegeprogramm, das wir empfehlen.

Schon nach fünfzehn Minuten lassen diese Übungen das Blut in die Kopfhaut strömen. Sie sollten sie mindestens einmal am Tag machen, besser noch mehrmals täglich. Wenn Sie erst einmal mit diesem stimulierenden Programm für Haar und Kopfhaut begonnen haben und die erfreulichen Wirkungen der Tiefatmung und der Kopfhautmassage kennengelernt haben, dann wird Ihnen bewußt, wie töricht die Ausrede *»ich habe keine Zeit«* ist.

Wir tun selbst, was wir predigen. Patricia und ich sind so beschäftigt wie andere auch, und doch finden wir immer genügend Zeit, um unsere Haare und die Kopfhaut zu pflegen. Auch Sie werden sehen, daß es sich lohnt.

Nun folgt der zweite Schritt im Haarpflegeprogramm der Hollywoodstars, die so schöne und glänzende Haare haben. Es handelt sich um die Selbstbehandlung mit Rizinusöl.

Wärmen Sie etwas Rizinusöl auf eine Temperatur, die erträglich ist und dennoch die Kopfhaut stimuliert, also etwa auf die Temperatur eines heißen Wannenbades.

Reiben Sie das warme Öl gründlich in das Haar und in die Kopfhaut ein. Dann legen Sie heiße, feuchte Handtücher um den ganzen Kopf, damit sich das Öl im Haar und auf der Kopfhaut verteilt. Behalten Sie die heißen Handtücher wenigstens zehn Minuten auf dem Kopf.

Danach lassen Sie das Öl mindestens zwanzig weitere Minuten auf das Haar und die Kopfhaut einwirken. Einige Hollywoodstars behalten das Öl über Nacht im Haar. Sie wickeln den Kopf in ein großes, trockenes Handtuch.

Dann entfernen Sie das Öl durch eine intensive Haarwäsche, wie sie auf Seite 73 und Seite 80 beschrieben wird. Denken Sie daran, die Kopfhaut mit den Fingern zu schrubben, um Schmutz, Fett und Schuppen völlig zu entfernen, die durch das warme Öl gelockert wurden. Anschließend spülen Sie Haar und Kopfhaut gründlich, wobei eine Essig- oder Zitronensaftspülung mit nachfolgender Kaltwasserspülung den Abschluß bilden. Trocknen Sie die Haare gründlich mit Handtüchern ab, am besten in der Sonne. Benutzen Sie keinen Haartrockner, sofern es nicht unbedingt sein muß.

Diese Behandlung mit warmem Öl sollten Sie zweimal monatlich vornehmen. Mit der Zeit – wenn Sie Ihr tägliches Haarpflegeprogramm nicht vergessen – werden Sie einen bemerkenswerten Wandel zum Besseren feststellen, was die Gesundheit Ihrer Haare und Ihrer Kopfhaut betrifft.

Wenn Sie gesunde, glänzende Haare haben möchten, müssen Sie diese Regel an jedem Tage befolgen. Sie ist ein wichtiger Bestandteil Ihres Haarpflegeprogramms. Wenn Sie tote Haare in der Kopfhaut lassen, legen Sie den Grundstein für Haar- und Kopfhautprobleme. Neue Haare können nur schwer wachsen, wenn sie von toten Haaren blockiert werden.

Das Ziehen am Haar und die intensive Kopfhautmassage – beides haben wir bereits erläutert – lockert die toten Haare auf dem Kopf. Sie fallen aus, und an ihrer Stelle beginnen neue, starke Haare zu wachsen.

Bürsten und Kämmen muß zur Massage und zum Ziehen am Haar hinzukommen, damit alle toten Haare entfernt werden. Bedenken Sie, daß sie Tausende von Haaren auf dem Kopf haben. Wenn die Lebenszeit der alten Haare vorbei ist, sterben sie ab, und neue Haare sind bereit, sie zu ersetzen. Dies geschieht ständig. Wenn Sie die toten Haare loswerden, fördern Sie das Wachstum kräftiger neuer Haare.

Sie sollten wenigstens zwei Haarbürsten besitzen – eine harte für das intensive erste Bürsten und eine weiche, um die Haare glänzend zu machen. Und vergessen Sie nicht, daß Sie Ihre Haare am besten nach vorn gebeugt bürsten. Dabei befindet sich der Kopf unterhalb der Höhe des Herzens, die Beine sind gespreizt und die Knie leicht gebeugt.

Wie Sie sehen, hängen alle Teile dieses Haarpflegeprogramms miteinander zusammen: Zunächst versorgen Sie Ihr Blut mit den lebenswichtigen Nährstoffen und dann reichern Sie es mit Sauerstoff an und stimulieren die Durchblutung durch Tiefatmung und Kopfhautmassage. Gereinigt werden die Haare mit warmem Öl und durch richtiges Waschen. Bürsten und Kämmen beseitigen abgestorbene Haare und fördern neuen, vollen Haarwuchs. Und vergessen Sie nicht Entspannung und Schlaf, die Gesundheit und Schönheit wiederherstellen helfen.

## Wählen Sie eine passende Frisur

Sie wissen, daß die meisten Menschen Sie nach Ihrem Äußeren beurteilen – und Ihre Haare sind der Schlüssel zu Ihrem Aussehen, sie sind der Spiegel Ihrer Gesundheit, und Ihre Gesundheit hat großen Einfluß auf Ihre Persönlichkeit. Letztlich hat die Beurteilung nach dem äußeren Erscheinungsbild also eine logische Grundlage.

Eine weise Redensart lautet: *»Wenn das Bett gemacht ist, sieht das Haus ordentlich aus; und wenn deine Haare gepflegt sind, siehst du gut angezogen aus.«*

Von größter Wichtigkeit ist es natürlich, dieses Gesundheitsprogramm für Haare und Kopfhaut zu befolgen. Dann können Sie von Ihren schönen, gesunden Haaren profitieren und sie vorteilhaft und modisch frisieren. Machen Sie nicht alles zunichte, was Sie erreicht haben, indem Sie auf eine verrückte Haarmode hereinfallen. Lassen Sie sich wiederum von den strahlenden Hollywoodstars – Frauen und Männer – einen Tip geben. Sie müssen stets hervorragend aussehen. Sie befolgen nicht nur ein gesundes Haarpflegeprogramm, sondern sie achten auch darauf, eine Frisur zu haben, die ansprechend aussieht und am besten zu ihrer Persönlichkeit paßt – auf diese Weise sehen sie immer elegant aus.

Dies bedeutet nicht, daß Sie die Frisur Ihres Lieblingsstars kopieren sollen. Vielleicht steht sie Ihnen nicht. Studieren Sie sich selbst, Ihr Gesicht, die Form Ihres Kopfes, Ihre Figur ...... und Ihre Persönlichkeit. *»Erkennen Sie sich selbst!«* Dann – mit fachmännischer Hilfe, falls erforderlich – entscheiden Sie sich für eine einfache, natürliche Frisur, die entschieden **Ihre** Frisur ist. Wenn Sie klug vorgehen, werden Sie immer gut und modisch aussehen – gleichgültig, was der jeweils »letzte Schrei« sein mag. *Es kommt immer darauf an, natürlich zu sein!* Eine natürliche, ansprechende Frisur gibt Ihrer »Haarpracht« den letzten Schliff.

Eine spezielle Anmerkung für Männer: Ein voller, lockerer, natürlicher Haarschopf ist nicht nur gesünder, sondern viel attraktiver als geschniegelte, mit pappiger Pomade angeklatschte Haare. Weiche, wellige Haare, die sauber und gut gepflegt sind, können einen »hausbackenen« Mann attraktiv machen – und einen gutaussehenden Mann noch attraktiver. Lassen Sie Ihre Haare nicht zu kurz schneiden, und lassen Sie es immer füllig über den Ohren bleiben, um »Segelohren« zu vermeiden. Lassen Sie sich von Hollywoodschaupielern einen Rat geben: Verwenden Sie ein mildes, ungiftiges Haartonic, das Lanolin enthält. Tragen Sie es leicht aufs Haar auf, während es noch etwas feucht ist, formen Sie mit den Fingern eine Welle, lassen sie die Haare trocknen, und kämmen Sie sie dann. Das Ergebnis ist eine Welle, die natürlich aussieht und dauerhaft ist.

## Verbünden Sie sich mit Mutter Natur

Sie sehen, dieses natürliche Haarpflegeprogramm nutzt von Beginn an bis zum Schluß die Kräfte der Natur, um Ihnen zu schönem, vollem Haar und zu einer gesunden Kopfhaut zu verhelfen.

Ihre natürliche Ernährung, die alle lebenswichtigen Nährstoffe enthält – einschließlich Eiweiß, Kalzium, Silizium, organischen Schwefel und Jod –, trägt zu einem gesünderen Körper bei, der die Grundlage für gesundes Haare und eine gesunde Kopfhaut bildet.

Ihre Tiefatmung läßt lebensspendenden Sauerstoff in großen Mengen durch das Blut in die Haare und in die Kopfhaut strömen.

Durch Kopfhautmassage und Bürsten – immer in der richtigen Stellung, also nach vorn gebeugt – regen Sie die Durchblutung an, verbessern den »Haarboden« und fördern den Haarwuchs durch die Entfernung von toten Haaren und Schmutzteilchen. Der Reinigungsprozeß wird vervollständigt durch die Behandlung mit Öl und die richtige Haarwäsche.

Durch gesunde Entspannung und erholsamen Schlaf geben Sie Mutter Natur die Gelegenheit, um Ihren Körper innerlich zu reinigen und wieder gesund zu machen.

Jetzt, wo Sie sich mit Mutter Natur verbündet haben, wird dieses Programm zu einem angenehmen Erlebnis. Sie werden spüren, wie reines, nährstoffreiches Blut durch Ihren Körper in Ihre Haare und in Ihre Kopfhaut fließen und ein prickelndes, lebendiges Gefühl hinterläßt. Und wenn Ihre Haare vor Leben sprühen, dann sind auch Sie lebendig!

## Seien Sie nicht ungeduldig

Erwarten Sie keine Wunder über Nacht. Bedenken Sie, daß Haare und Kopfhaut viel Zeit gebraucht haben, um krank zu werden. Sie brauchen Zeit, um ihre natürliche Gesundheit wiederzuerlangen. Dieses Gesundheitsprogramm für Ihre Haare und Kopfhaut hat schon Tausenden geholfen, und es wird auch Ihnen helfen – wenn Sie ihm Zeit geben. Mutter Natur läßt sich nicht drängen.

Für den Durchschnittsmenschen sind die Haare etwas Selbstverständliches. Er wäscht Sie gelegentlich, und vielleicht bürstet er sie sogar ein paar Sekunden. Aber das ist ungefähr alles, was Haare und Kopfhaut üblicherweise an Pflege bekommen. Dann geschieht etwas Schlimmes: Die Haare beginnen büschelweise auszufallen, und die Kopfhaut ist in äußerst schlechtem Zustand. Warum? Einfach deshalb, weil der Durchschnittsmensch kein vernünftiges und natürliches Haarpflegeprogramm befolgt.

Volle Haare sind eine Gabe der Natur an den Menschen, die Millionen wegwerfen, weil sie die einfachen, natürlichen Regeln der Haarpflege nicht kennen. Dieses Haarpflegeprogram ist für Sie von unschätzbarem Wert. Es ist nicht notwendig, daß Ihre Haare dünn und häßlich werden. Eine vernünftige, sorgfältige Pflege hält Ihre Haare ein Leben lang kräftig und gesund. Und wenn sie bereits auszufallen beginnen, kann die gleiche Pflege es möglicherweise wiederherstellen. Dieses Pflegeprogramm lehrt die einfachen, natürlichen und wirksamen Methoden der Haar- und Kopfhautpflege – zum Nutzen von Männern und Frauen.

Gesunde Haare und eine gesunde Kopfhaut sind sowohl für Ihr Aussehen als auch für Ihr Wohlbefinden wichtig. Es stärkt das Selbstbewußtsein, in den Spiegel zu schauen und volle, gesunde Haare zu sehen.

Die großen Filmstars halten es für richtig, dieses natürliche Haarpflegeprogramm zu befolgen. Und Ihnen wird es ebenso ergehen. Beginnen Sie noch heute mit diesem Programm, und erleben Sie, welchen Nutzen es Ihnen bringen kann. Machen Sie das Programm zu einem Teil Ihres täglichen Lebens.

Wenn es etwas gibt, was wir am meisten genießen, dann muß es etwas sein, was unseren Körper in Bestform bringt. Wenn Sie erst einmal mit diesem Haar- und Kopfhautprogramm begonnen haben, wird es Sie begeistern. Und wenn Sie sehen, wie Ihre Haare und Ihre Kopfhaut gesünder werden, werden Sie sich allmählich besser um Ihren ganzen Körper kümmern. *Das Leben ist herrlich, wenn man es richtig lebt.*

Denken Sie daran: Nur Sie können Ihr Leben bestimmen. Tun Sie es! Sie sind Herr über Ihr Leben! Sie müssen selbst entscheiden, was gut für Sie ist! Hören Sie nicht auf negativ denkende Menschen. Wir mußten unser Leben lang gegen negatives Denken ankämpfen – selbst innerhalb unserer eigenen Familie. Und so traurig es ist – all diese Menschen, die voller Hohn und Verachtung waren, sind nicht mehr! Das hat Ihnen die Befolgung ihrer eigenen negativen Ratschläge eingebracht.

Ja, manchmal können Menschen in Ihrem eigenen Haus Ihr schlimmster Feind sein, wenn es um eine gesunde Lebensweise geht. Darum verlassen Sie sich auf das, was nach Ihrer Überzeugung richtig ist. Sie sind ein Individuum und müssen im Leben **selbst die Richtung bestimmen.** Hören Sie auf Menschen, denen Sie als menschliches Wesen etwas bedeuten. Leben Sie Ihr Leben voll! Schlagen Sie dem Sensenmann und dem Bestattungsunternehmer ein Schnippchen, und leben Sie ein langes, aktives Leben.

Leben heißt arbeiten! Darum müssen Sie an Ihrem Leben arbeiten – dies ist die Freude des Lebens. Sie bekommen nichts umsonst, und nur was Sie sich **erarbeiten,** können Sie genießen! Arbeit macht stark. Denken Sie daran! Also arbeiten Sie hart und vertrauensvoll Tag für Tag an Ihrem Gesundheitsprogramm für Haar und Kopfhaut. Diese Arbeit bringt strahlenden, dynamischen Glanz in die Augen und Freude ins Leben. Also – **arbeiten Sie!**

# Lernen Sie Ihren Körper kennen

*Sokrates,* einer der größten Philosophen der Menschheit, lehrte seine Schüler stets: *»Erkenne dich selbst.«* Das ist eine ausgezeichnete Philosophie. Auf Haar- und Kopfhautprobleme angewandt, könnte man sie so abwandeln: *»Lerne deinen Körper kennen«* und *»Lerne deine Haare und deine Kopfhaut kennen.«*

Wissen Sie so viel über Ihren Körper, wie Sie über Ihr Auto wissen? Ich wette, dies ist nicht der Fall – und wenn doch, sind Sie einer unter zehntausend. Was ist Ihnen mehr wert – Ihr Körper oder Ihr Auto? Ihr Körper natürlich! Sie können sich ein neues Auto kaufen; aber es stehen keine neuen, lebenden Körper zum Verkauf an – der, den Sie jetzt besitzen, ist Ihr erster und Ihr letzter.

Ein Auto wird durch die Intelligenz des Menschen geschaffen. Der Autohersteller, der die menschlichen Schwächen kennt, gibt dem Kunden eine Gebrauchsanleitung an die Hand und erklärt ihm, welchen Kraftstoff und welches Öl er am besten verwenden soll. Der Käufer bezahlt das Fahrzeug mit Geld, und wegen seines hohen Wertes pflegt er es gewöhnlich gut.

Ihr Körper – und dies gilt auch für Ihre Haare und für Ihre Kopfhaut – wurde nicht mit Geld erworben und hat keinen Geldwert außer seiner Fähigkeit, Geld zu verdienen. Von der Natur entwickelt, ist er eine Maschine, mit der sich kein von Menschenhand gemachtes Produkt jemals wird messen können, was die Kompliziertheit, die Funktionsgenauigkeit und die Vielseitigkeit angeht. Und doch ist die Pflege dieser Maschine einfach – auch dies gilt wiederum für Ihre Haare und Ihre Kopfhaut – und gründet sich auf ein einziges Gebot : *Gehorche den Gesetzen der Natur.*

Wir haben keine Arznei für graue Haare, und wir haben auch kein Heilmittel für Menschen, die kahl werden oder bereits kahl sind. Unsere Arbeit besteht in der **Vorbeugung.** Wir bemühen uns, den Menschen klarzumachen, daß es keine Wunder gibt, die graue Haare wieder normal machen oder Kahlköpfigkeit kurieren könnten.

Wir bekommen jedoch viele unverlangte Dankschreiben von Menschen, deren Haare grau wurden, aber durch dieses Haar- und Kopfhautpflegeprogramm seine natürliche Farbe wiedererlangte. Ähnliches hat auch unser Freund *Arnold Ehret* erfahren, der seine Erfahrungen mit grauen Haaren in seinem Buch *»Vom kranken zum gesunden Menschen durch Fasten«* wie folgt beschreibt: *»Ich kenne Menschen, die kahlköpfig waren und die mir berichten, daß auf einst kahlen Stellen wieder neue Haare wachsen.«*

Wir hatten wenig Möglichkeiten, diese Aussagen zu überprüfen, da unsere Leser und Seminarteilnehmer über die ganze Welt verstreut leben.

Wir möchten aber feststellen, daß wir nicht nach Arzneien Ausschau halten, da wir keine anzubieten haben. Wir beschränken uns auf ein Vorbeugeprogramm.

*Der menschliche Körper heilt und repariert sich selbst.* Die Heilkräfte des Körpers sind gewaltig (siehe auch *Dr. John H. Tilden »Mit Toxämie fangen alle Krankheiten an«*). Wenn Sie mit diesen wunderbaren Kräften der Natur eng zusammenarbeiten – wer weiß, was mit Ihnen geschehen wird! Wir möchten Ihnen helfen, sich selbst zu helfen! Wir können nicht mehr tun, als Ihnen das zu geben, was unserer Meinung nach die beste Anleitung der Welt zur natürlichen Pflege der Haare und der Kopfhaut ist.

Ich bin Urgroßvater und ein Mann, der schon über siebzig Jahre gelebt hat – und mein Haar ist üppiger als das der meisten anderen Menschen in der Welt. Ich verdanke meinen dichten Haarwuchs diesem natürlichen Haar- und Kopfhautpflegesystem. Wie ich Ihnen am Anfang dieses Buches gesagt habe, mußte ich mit ernsten Haar- und Kopfhautproblemen fertigwerden.

Meine Tochter Patricia hat schöne, volle, lange Haare von weichem, glänzendem, gepflegtem Aussehen. Wir sind Beispiele dafür, daß das Haarpflegeprogramm, das wir Ihnen hier vorstellen, enormen Nutzen bringt.

Gleichgültig, wie hoffnungslos der Zustand Ihrer Haare und Ihrer Kopfhaut erscheinen mag – arbeiten Sie von nun an mit der Natur zusammen, um das große Ziel zu erreichen. Legen Sie Ihr Herz und Ihre Begeisterung in dieses natürliche Gesundheits- und Pflegeprogramm.

Während Sie an Ihrer Kopfhaut arbeiten, sehen Sie prachtvolle Haare vor Ihrem inneren Auge! Der Geist hat einen gewaltigen Einfluß auf den Körper. Natürliche Haarpflegemethoden wecken, vitalisieren und kräftigen die Kopfhaut und machen sie weich, nachgiebig und gesund – für immer.

## Eitelkeit

Es ist völlig natürlich, eitel zu sein, denn die Welt beurteilt uns nach unserem äußeren Erscheinungsbild. Darum ist es natürlich, wenn wir so gut wie möglich aussehen wollen. Aber wir dürfen nicht auf die Hersteller von Perücken, Toupets und Haarfärbemitteln hereinfallen, die uns glauben machen wollen, die einzigen gutaussehenden Menschen seien solche, die keine grauen Haare auf dem Kopf haben.

Bedenken Sie, daß Leute, die uns nach einem flüchtigen Blick beurteilen, zu keinem richtigen Urteil fähig sind. Sie urteilen oberflächlich. Wir müssen andere und uns selbst nach der gesamten Persönlichkeit beurteilen.

Wir räumen ein, daß wir alle versuchen müssen, jederzeit so attraktiv wie möglich auszusehen. Dies gibt uns mehr Selbstvertrauen, und wir wirken anziehender auf andere.

Dies ist der Grund, warum wir dieses Buch für Sie geschrieben haben! Sie sollen aus dem, was Sie haben, das Beste machen. Mehr können Sie nicht tun. Wenn Sie grauhaarig oder kahl sind, fühlen Sie sich deswegen in keiner Weise minderwertig.

Es ist wahr, daß Haare und Kopfhaut wichtige Bestandteile des menschlichen Körpers sind. Darum wiederholen wir unseren Rat, daß Sie das Beste aus dem machen sollten, was Ihnen zur Verfügung steht. Wenn Sie sich um gesunde Haare und eine gesunde Kopfhaut bemühen, werden Sie mit Sicherheit auch einen besseren Allgemeinzustand erlangen. Und letzten Endes **ist die Gesundheit das höchste Gut.** Gute Gesundheit entschädigt für alles, was uns sonst fehlen mag, denn mit guter Gesundheit sind wir glückliche Menschen. Und welche größeren Schätze als Gesundheit und Glück könnte es geben?

# Anhang

Um die vielen Fragen zu beantworten, die auf unseren weltweiten Vortragsreisen und in Briefen gestellt werden, ergänzen wir unser Buch durch diesen speziellen Anhang, der Sie über Vitamine und Mineralien informiert, die für die Gesundheit Ihrer Haare und Ihrer Kopfhaut unbedingt notwendig sind.

## Was sind Vitamine?

Die meisten Menschen in den zivilisierten Ländern wissen, daß Vitamine wichtig für die Gesundheit sind. Sie haben aber nur eine ungefähre Vorstellung davon, warum wir sie brauchen und wie sie uns helfen. Der Durchschnittsmensch glaubt, eine Kapsel mit synthetischen Vitaminen sei alles, was er brauche. Dies ist aber weit von der Wahrheit entfernt. Die wertlosen Nahrungsmittel aus den Regalen der Supermärkte können nicht auf magische Weise in natürliche Nahrung umgewandelt werden, indem man einfach künstliche Vitamine einnimmt. Dadurch wird sogar alles noch schlimmer.

Ebenso wie Sie natürliche, lebendige Lebensmittel essen sollten, so sollten auch Ihre Vitamine aus derselben Quelle stammen. Leider ist es unter »zivilisierten« Marktverhältnissen unmöglich, immer nur 100%ig natürliche Lebensmittel zu bekommen, aber darum sollten Sie sich bemühen.

Vitamine sind keine Nahrungsmittel; es sind Wirkstoffe, die mit anderen Substanzen in der Nahrung zusammenarbeiten, um den Körper am Leben zu halten. Vitamine helfen dem Körper, Nahrung zu assimilieren, Gewebe aufzubauen, Krankheiten zu widerstehen, ungestört zu wachsen. Sie unterstützen fast alle körperlichen und geistigen Vorgänge.

Vitamine werden nicht vom menschlichen Körper hergestellt – wir müssen sie über unsere Nahrung aufnehmen. Und wir müssen uns diese lebenswichtigen Vitamine ständig zuführen, weil sie vom Körper nicht gespeichert werden. Wir bekommen sie jedoch nicht durch die übliche, moderne »Zivilisationskost«. Vitamine sind empfindlich, sie können durch Oxidation und Verarbeitung leicht zerstört werden.

Einige Vitamine beeinflussen direkt das Wachstum und den Zustand der Haare. Andere üben eine indirekte Wirkung aus, indem sie den Allgemeinzustand des Körpers beeinflussen, der sich immer im Zustand der Haare und der Kopfhaut widerspiegelt. Sehen wir uns diese wichtigen Vitamine und ihre Wirkungen einmal an:

**Vitamin A**

Haare und Kopfhaut werden von Vitamin A unmittelbar beeinflußt. Ein Mangel an diesem wichtigen Vitamin kann zum Austrocknen und zur Verstopfung der Talgdrüsen führen, die die Haare und die Kopfhaut mit Fett versorgen. Trockene, struppige Haare, trockene Kopfhaut und Haarverlust sind die Folgen.

Achten Sie also darauf, Ihren Bedarf an Vitamin A zu decken, damit Ihre Haare voll und gesund bleiben!

**Vitamin A** ist auch für eine gesunde Haut und gesunde Fingernägel, gutes Sehvermögen, normales Wachstum und normale Fortpflanzung notwendig, und es schützt gegen Ohren- und Naseninfektionen sowie gegen Nierensteine.

*Vitamin-A-Quellen*: Karotten, Spinat, Kopfsalat, Brokkoli, Löwenzahnblätter und andere grüne Blattgemüse.

**Vitamin-B-Komplex**

Das Wachstum und die Farbe der Haare hängen auch von den Vitaminen des B-Komplexes ab, sowohl von den einzelnen Vitaminen als auch von ihrem Zusammenspiel. Mehrere dieser Vitamine haben einen unmittelbaren Einfluß auf die Gesundheit der Haare. Andere beeinflussen den Allgemeinzustand, vor allem das Nervensystem, und somit indirekt auch die Haare. Alle Vitamine des B-Komplexes sollten in der täglichen Kost enthalten sein.

*Vitamin-B-Quellen*: Fisch, Sojabohnen, Sonnenblumenkerne, Weizenkeime, Vollkorngetreide, frische Früchte.

Zu den einzelnen Mitgliedern der »Vitamin-B-Familie« gehören:

**Vitamin $B_1$** (Thiamin): Dieses Vitamin ist lebenswichtig. Es unterstützt den Sauerstofftransport zu allen Zellen des Körpers und die Umwandlung von Glukose in Energie. Es hält das Nervensystem gesund. Verschiedene Grade von Mangelzuständen zeigen sich in Symptomen wie Erschöpfung und psychische Störungen. *Vitamin-$B_1$-Quellen* sind u. a. Weizenkeime, brauner Reis, rohe Nüsse, Erbsen, Sonnenblumenkerne und Sojabohnen.

**Vitamin $B_2$** (Riboflavin) ist mit Vitamin A verwandt und hat ähnliche Funktionen. Ein Mangel kann zu trockenen, glanzlosen Haaren führen. Vitamin $B_2$ ist wichtig für die Eiweißaufnahme und stärkt das Nervensystem, das Sehvermögen und die Haut. *Quellen* sind u.a. Sojabohnen, Erbsen, grüne Blattgemüse.

**Niacin** ist wichtig für den Allgemeinzustand, im Enzymsystem bei der Umwandlung von Nahrung in Energie, zum Schutz gegen Pellagra und gegen Angstzustände und nervöse Spannungen. *Quellen* sind Fisch, Vollkorngetreide und Erdnüsse.

**Vitamin $B_6$** (Pyrodoxin) hat direkt mit der Gesundheit der Haare zu tun, weil es für die Verwertung der Aminosäuren bei der Bildung von neuem Gewebe benötigt wird und die Verwertung von ungesättigten Fettsäuren unterstützt, wodurch übermäßige Fettbildung in der Kopfhaut verhindert wird. *Quellen* sind Vollkorngetreide, Naturreis, frisches Gemüse und Salate.

**Inositol** hat einen unmittelbaren Einfluß auf das Wachstum und die Farbe der Haare, und es hat sich als sehr hilfreich erwiesen, wenn es gilt, krankes Haar wieder gesund zu machen. Obwohl man es nicht als Heilmittel gegen Kahlköpfigkeit ansehen kann, scheint es eine deutliche Verbindung zwischen Inositol und normalem Haarwachstum zu geben. Die meisten Lebensmittel, die andere B-Vitamine enthalten, sind auch gute Inositolquellen.

**Pantothensäure** und **Paraaminobenzoesäure** (PAB): Diese beiden B-Vitamine arbeiten zusammen für die Gesundheit der Haare. Vor allem tragen sie dazu bei, Ergrauen oder Farbverlust zu verhindern. Experimente haben gezeigt, daß ein Mangel an einem dieser Vitamine dieselben Folgen hat: brüchige und trockene Haare und schließlich Haarausfall. *Quellen* sind u.a. Brokkoli, Kartoffeln, Vollkorngetreide, Weizenkeime.

**Vitamin $B_{12}$** ist äußerst wichtig zur Vorbeugung gegen Anämie (Blutarmut). Selbst eine leichte Anämie kann die Haare krank machen. Quellen sind hauptsächlich Rohmilch-Käse und Weizenkeime.

Andere B-Vitamine sind **Biotin, Cholin** und **Folsäure**. Von der Folsäure wurde bewiesen, daß sie eine Wirkung auf die Haarfarbe hat. Es ist natürlich wichtig, sich **alle** B-Vitamine über die Nahrung zuzuführen, da sie sich wechselseitig beeinflussen. Einige B-Vitamine kann der Körper selbst herstellen, wenn er gesunde, natürliche Nahrung erhält.

**Vitamin C**

Dieses lebenswichtige Vitamin wird für die Bildung von Kollagen benötigt, der Substanz, welche die Zellen und alle Körpergewebe zusammenhält, auch im Haar. Es hat außerdem viele andere wichtige Aufgaben, z.B. bei der Funktion der Nebennieren, bei der Knochenbildung und bei der Infektionsabwehr.

Da alle kommerziellen Verarbeitungs- und Eindosungsverfahren einen großen Teil des Vitamins zerstören, müssen wir den natürlichen Bedarf des Körpers an diesem wichtigen Vitamin mit natürlichem konzentriertem Vitamin C ergänzen.

Hagebutten sind die beste natürliche Quelle. Andere *Quellen* sind frische Zitrusfrüchte und Säfte, Äpfel und Melonen. Auch andere frische Früchte und die meisten frischen Gemüse und Salate enthalten Vitamin C.

**Vitamin D**

Starke Knochen und Zähne hängen von Vitamin D ab, das für die Assimilation und Verwertung von Kalzium und Phosphor im Körper unerläßlich ist. Obwohl es Spuren von Kalzium im Haar gibt, ist noch nicht bekannt, ob Vitamin D für die Bildung von Haarzellen benötigt wird.

Die beste *Vitamin-D-Quelle* – der Sonnenschein – hat eine eindeutig günstige Wirkung auf die Haare. Einzige

Quellen unter den Nahrungsmitteln sollen Fischlebertran, besonders Kabeljau- und Heilbuttlebertran sein, auf die Sie aber verzichten können, wenn Sie ausreichenden Sonnenschein haben (siehe auch *Dr. John Yiamouyannis »Früher alt durch Fluoride«).*

**Vitamin E**

Vitamin E hat eine direkte Wirkung auf die Gesundheit des Haares und der Kopfhaut, da es den Körper bei der Verwertung ungesättigter Fette unterstützt. Dies ist wichtig für die Talgproduktion der Kopfhaut. Vitamin E wird außerdem für die Fortpflanzung, für den Muskeltonus (auch den Tonus des Herzmuskels), für die Wundheilung und für die Heilung von Infektionen benötigt.

Weizenkeime sind die *Hauptquelle.* Da der lebenswichtige Wirkstoff in Weißmehl fehlt, muß er ersetzt werden. Andere Vollkorngetreide und Getreideflocken sowie Pflanzenöl enthalten ebenfalls Vitamin E.

## Organische Mineralien

Für viele Menschen sind Mineralien nur solche Substanzen, die direkt aus der Erde kommen, also anorganische Mineralien. Ich möchte nachdrücklich darauf hinweisen, daß die Mineralien, die für den menschlichen Körper so wichtig sind, in der Erde nur in einem anorganischen Zustand vorliegen. Nur Pflanzen können anorganische Mineralien aus dem Boden aufnehmen. Durch Photosynthese wandeln die Pflanzen anorganische Mineralien in organische um, die Tiere und Menschen assimilieren können. Mineralstoffe erhalten Sie am besten über pflanzliche Lebensmittel und nicht direkt aus der Erde oder dem Wasser. Sie können anorganische Mineralien aus der Erde oder dem Wasser nicht verdauen. Sie müssen im organischen Verbund mit Enzymen, Vitaminen und sonstigen Nährstoffen der Pflanzen stehen.

Somit dürfte klar sein, daß alle Mineralien, die in diesem Buch angesprochen werden, organische Mineralien sind. Sie sind für den Körper lebenswichtig, manchmal nur in Spuren. Sie werden für die Zellteilung sowie für die Assimilation und Verwertung der Nahrung gebraucht. Sie sind in allen Körpergeweben enthalten, auch im Haar.

Die Gesundheit Ihrer Haare und Ihrer Kopfhaut wird von den Mineralien beeinflußt, die integrale Bestandteile dieser Gewebe sind, aber auch von anderen, die auf den Allgemeinzustand des Körpers einwirken.

Die wichtigsten sollen im folgenden erörtert werden:

**Kalzium** wird vom menschlichen Körper in größeren Mengen benötigt als jedes andere Mineral. Obwohl es hauptsächlich in den Knochen und Zähnen enthalten ist, ist es auch wichtig für die Funktion der Nebenschilddrüsen, die das Haarwachstum beeinflussen. Damit der Körper das Kalzium aufnehmen kann, benötigt er außerdem Phosphor und Vitamin D. Zu den kalziumreichen Lebensmitteln gehören Algen, Rohmilch-Käse und Früchte.

**Phosphor** wird vom Körper ebenfalls in großen Mengen benötigt. Er ist sehr wichtig für die Bildung von neuem Gewebe, auch für die Haare, *Quellen* sind u.a. alle eiweißreichen Lebensmittel.

**Chlor** ist eine Verdauungshilfe und beseitigt giftige Abfallstoffe aus den Körperzellen. Laborversuche haben gezeigt, daß selbst ein geringer Chlormangel zu Haarausfall bei Tieren führt, und es ist durchaus möglich, daß das gleiche für Menschen gilt. Quellen sind Algen, grünes Blattgemüse, Salate und Tomaten.

**Jod** ist, wie bereits erwähnt, unerläßlich für die Gesundheit der Haare und des ganzen Körpers. Es ist wichtig für die Funktion der Schilddrüse, die den Stoffwechsel, den Kreislauf, die Widerstandsfähigkeit gegen Krankheiten und die geistige Entwicklung steuert. Bei Jodmangel fallen die Haare aus, sie werden vorzeitig grau, brüchig und glanzlos. Die beste Ergänzung sind Algen. Alle Nahrungsmittel aus dem Meer enthalten organisches Jod.

**Kalium** beeinflußt das Haarwachstum, da es eine Rolle bei der Verwertung von Eiweiß spielt, das für die Gesundheit der Haare und der Kopfhaut so lebenswichtig ist. Kalium ist auch für das Herz sehr wichtig. *Quellen* sind u.a. Algen, Kartoffeln, Karotten, grünes Blattgemüse, Salate, Vollkorngetreide, Früchte (vor allem Bananen) und Honig.

**Silizium** (Kieselsäure) ist eines der Spurenelemente, die für gesunde Haare notwendig sind. Es arbeitet mit Vitamin A zusammen. *Quellen* sind Hafer, Karotten und Tomaten, Algen, Vollkornprodukte, rohe Nüsse und Samen sowie Johannisbrot.

**Magnesium** befindet sich vor allem im Knochengewebe, es hat aber viele Aufgaben; z.B. unterstützt es den Blutkreislauf. Magnesiummangel beeinträchtigt die Funktion der Blutgefäße und zeigt sich zuerst in der Kopfhaut, wo die Durchblutung vom Körper vielleicht am schwersten aufrechtzuerhalten ist. *Quellen* sind u.a. Algen, Sonnenblumenkerne, Weizenkeime, Gurken, Sellerie, Vollkorngetreide und Zitrusfrüchte.

**Natrium** findet man in den Haaren. Es ist unerläßlich bei der Eiweißsynthese und unterstützt die Assimilation anderer Mineralien. *Quellen* sind u.a. alle frischen Gemüse, Salate, Algen und andere Nahrungsmittel aus dem Meer.

*Wichtige Anmerkung: Denken Sie daran, daß Ihr Körper organisches Natrium benötigt, nicht anorganisches wie im Tafelsalz (Natriumchlorid). Verwenden Sie kein Salz! Ihr Körper kann Salz nicht verwerten; es belastet die Nieren und schwemmt die Gewebe auf. Werfen Sie Ihren Salzstreuer weg, oder füllen Sie ihn mit Algenpulver!*

**Eisen** ist notwendig zur Bildung von Hämoglobin, dem roten Blutfarbstoff, der lebensspendenden Sauerstoff zu allen Körperzellen trägt, auch ins Haar und in die Kopfhaut. Eisenmangel führt zu Anämie, die das Haar direkt beeinträchtigt, indem sie es trocken und glanzlos macht. *Quellen* für organisches Eisen sind Sojabohnen, Weizenkeime, grünes Blattgemüse, Erdnüsse und alle frischen Früchte.

**Schwefel** ist ein integraler Bestandteil der Haarzellen; er gibt den Haaren Glanz. Ungefähr 5 % des Haares bestehen aus Schwefel, der auch ein Eiweißbestandteil ist und vor allem in den Aminosäuren Cystin und Methionin vorkommt. Wenn Ihre Haare leblos und stumpf sind, herrscht zweifellos Schwefelmangel in Ihrem Organismus. *Hauptquellen* sind Karotten, Kohl, Rosenkohl, Honig und die meisten eiweißreichen Nahrungsmittel wie z.B Fisch.

## Über die Autoren

*Dr. Paul C. Bragg* war selbst das beste Zeugnis für die Richtigkeit seiner Lehren. Als Urgroßvater konnte er noch kilometerweit laufen, schwimmen, Tennisturniere mitmachen, an Wettläufen teilnehmen, Berge besteigen und Gewichtstraining durchführen.

Als Teenager durch Tuberkulose geschädigt, entwikkelte *Dr. Bragg* sein eigenes Programm für die Ernährung, Atem- und Bewegungsübungen und erlangte wieder eine strahlende Gesundheit.

*Dr. Bragg* hat das Leben von Millionen von Menschen durch seine Bücher, Vorträge, Seminare, Fastenkuren sowie durch seine Auftritte in Radio und Fernsehen rund um die Welt verändert.

*Dr. Patricia Bragg* hat als Tochter von *Dr. Paul C Bragg* selbst internationale Anerkennung erhalten. Sie leitet überall in den USA Gesundheits- und Fitneßlehrgänge für Frauen und Männer, Jugend- und Kirchengruppen. Patricia selbst ist ein lebendes und leuchtendes Beispiel für die von ihr und ihrem Vater vertretenen Lehren.

Als Studentin an der Universität von Kalifornien hat sie ihren Doktor der Philosophie auf dem Gebiete der Gesundheitswissenschaft erhalten. Sie ist eine außergewöhnlich gute Musikerin und Tänzerin, eine gute Tennisspielerin, Schwimmerin und Bergsteigerin.

*Patricia Bragg* ist nach wie vor eine beliebte und begabte Gesundheitslehrerin und Beraterin von bekannten Politikern, Schauspielern und Sportlern.

# Literaturverzeichnis

*Dr. Paul C. Bragg*
»Wasser – das größte Gesundheitsgeheimnis«

*Dr. Paul C. Bragg*
»Wunder des Fastens«

*Harvey und Marilyn Diamond*
»Fit für´s Leben, Teil I«

*Harvey und Marilyn Diamond*
»Fit für´s Leben, Teil II«

*Marilyn Diamond*
»Neue Eßkultur mit SonnenKost«

*Prof. Arnold Ehret*
»Vom kranken zum gesunden Menschen durch Fasten«

*George Michaels*
»Geheimnisse für schöne Haare«

*Dr. Norman W. Walker*
»Täglich frische Salate erhalten Ihre Gesundheit«

*Dr. John Yiamouyiannis*
»Früher alt durch Fluoride«

# Stichwortverzeichnis

## *Unser Verlagsprogramm*

*Dr. John H. Tilden*

# Mit Toxämie fangen alle Krankheiten an

Das Wissen, wie Sie gesund bleiben und bei Krankheit wieder gesund werden, macht Sie unabhängig und gibt Ihnen Kraft, Selbstbewußtsein und Lebensfreude. Die wenigsten Menschen wissen aber etwas über die wirklichen Ursachen von Krankheiten. Ihnen ist dieses Buch gewidmet, das sie aufklärt über die Toxämie-Lehre. Es behandelt folgende Themen:
Falsche Theorien • Heilmittel • Linderungs- und Anregungsmittel • Wissenschaftliche Tests • Herdentrieb • »Tödliche« Keime • Biologische Energie • Ursachen der Entkräftung • Diagnose – eine medizinische Täuschung.

*George Michael´s*

# Geheimnisse für schönes Haar

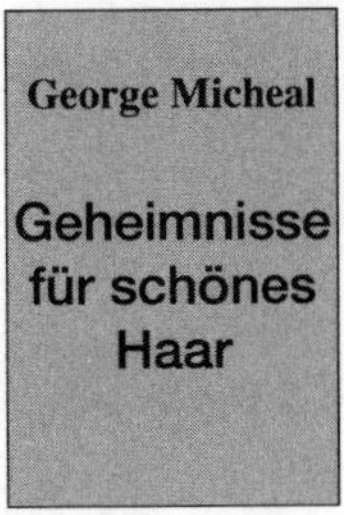


Dieses Buch beschreibt *George Michael´s* Werdegang und gibt Ratschläge für die Haarpflege von langem Haar, aber auch für kurze Haare.
Alles was mit schönem Haar zusammenhängt wie richtige Ernährung, körperliche Bewegung, Sonnenschein, richtiges Waschen, Legen, Kämme, Bürsten und auch die verschiedenen Frisuren, Haarbehandlungen, Farben usw. ist in diesem Buch beschrieben. Auch Haarkrankheiten, Hormonbehandlungen, Haarverpflanzungen, Haarersatz, Glatzenbildung und sonstige Haarprobleme und deren Behandlungsmöglichkeiten werden beschrieben.

*Waldthausen Verlag • 2863 Ritterhude*

8/9

## *Weitere Bragg-Bücher*

**Füße, die Dich tragen**
Dieses kleine Buch klärt über die Ursachen von Fußbeschwerden auf, zeigt die Symptome von Fußproblemen und zeigt Wege für die Wiedergesundung der Füße, wozu Fußmassagen, Spezialfußbäder, richtige Ernährung, Fußübungen, richtige Körperhaltung usw. gehören.

**Schöne gesunde Haare**
Dieses Buch erklärt die Ursachen für kranke Haare und eine kranke Kopfhaut und zeigt auf, wie Sie Ihre Haare und Ihre Kopfhaut gesund erhalten können. Das hängt mit einem guten allgemeinen Gesundheitszustand zusammen, der wiederum von einer weitgehend natürlichen Lebensweise abhängig ist.

**Gesund essen ohne Irrtümer**
*Dr. Bragg* versucht, Ordnung in die verschiedenen Ernährungsempfehlungen zu bringen und erklärt die verschiedenen Ernährungsformen wie Mischkost, Rohkost, vegetarische Kost, Vollwertkost, Makrobiotik, Fleischkost, Getreidekost, richtige Lebensmittelkombination usw.
*Dr. Bragg* gibt weiterhin seine eigenen Erfahrungen und die seiner unzähligen Patienten wider über Zucker, Salz, Getränke, Alkohol, Medikamente, Fasten, Babynahrung, Frühstück, Ernährung auf Reisen usw.
Dieses Buch ist ein Leitfaden, der Sie aus dem Irrgarten der vielen Ernährungsempfehlungen herausführt.

**Wunder des Fastens**
Mit dem Wissen über Fasten, das in diesem Buch enthalten ist, können Sie alle Furcht vor Krankheiten und vorzeitigem Altern verbannen. Regelmäßige 24stündige Fastenkuren reinigen den Körper. Sieben- bis zehntägige Fastenkuren verhindern Ablagerungen an Gelenken und Muskeln.
Dieses Buch enthält genaue Anweisungen über Fasten, Fastenbrechen, Ernährung sowie Gesundheitsratschläge von neun Naturärzten.

**WASSER - Das größte Gesundheitsgeheimnis**
Menschen sind schon bis zu 90 Tagen ohne Essen ausgekommen, aber sie können nur wenige Minuten auf Sauerstoff verzichten. Ohne Wasser kann der Mensch kaum 72 Stunden überstehen, ohne daß er in einen halb-bewußtlosen Zustand verfällt. Aber es ist auch das Wasser, das vorzeitiges Altern sowohl beim Menschen als auch beim Tier verursacht. Dieses Buch enthüllt die Ursachen, warum Menschen und Tiere lange vor ihrer eigentlichen Zeit sterben. Über 50 Jahre intensiver Forschung sind in diesem Buch niedergelegt.

## *Unser Verlagsprogramm*

*Harvey und Marilyn Diamond*

# Fit für´s Leben

**Gesund und schlank ein Leben lang**
Der Gesundheits- und Fitneßplan ist ein Muß für alle, die Probleme haben, eine strenge Diät durchzuhalten. Das Geheimnis der vorgestellten Kost heißt Ernährung in der richtigen Zusammensetzung, damit die Verdauungszyklen ihre Arbeit leisten können. Wer diese einfache Methode befolgt, kann essen, was ihm schmeckt, und dabei nicht nur an Gewicht verlieren, sondern dieses Gewicht auch halten und sich dabei bester Gesundheit erfreuen.Dieses Buch enthält einen vierwöchigen Plan zur Gewichtsabnahme und zeigt, wie dieses Gewicht zu halten ist. Es bietet Menüs, Rezepte und Einkaufstips, die mehr Lebensmittel erlauben als je zuvor. **Weltauflage 8 Millionen Bücher!**

Das neue »Fit für's Leben« Teil II behandelt neben der Ernährung Fragen über Wasser, Luft, Schlaf und Ruhe, Sonnenschein, Bewegung und Sexualität.

*Prof. Arnold Ehret*

# Vom kranken zum gesunden Menschen durch Fasten

Mit Naturfasten und schleimfreier Heilkost werden kranke Menschen wieder gesund. Es ist die einzige Heilmethode, die die Natur für uns Menschen vorgesehen hat.
Fast alle heutigen modernen Nahrungsmittel sind schleimbildend, d. h., sie führen zur Ablagerung von Stoffwechselrückständen im Körper, die wiederum zu allen möglichen Krankheiten bis hin zu Krebs und AIDS führen. Nur lebendige Nahrung wie Obst, Gemüse, Salate und Nüsse sind nicht schleimbildend.
Naturfasten ist das beste Mittel für eine innere Körperreinigung, aber es muß richtig gefastet werden, sonst kann Fasten mehr schaden als nützen.